東川町
市街図

至旭川
東川養護学校
コート旭川CC
キャンモア
スキービレッジ
キトウシ高原ホテル
キトウシ森林公園
家族旅行村
至旭川
940
西10号
西9号
西8号
西7号
西6号
西5号
西4号
西3号
西2号
西1号
東1号
東2号
東3号
東4号
クラフト街道
北の住まい設計社
611
交番
旭川福祉専門学校
道の駅
「道草館」
至旭川
空港
グリーン
ヴィレッジ
1160
忠別発電所
至美瑛
忠別川
旭岳
トンネル
忠別ダム
忠別湖
大雪水
213

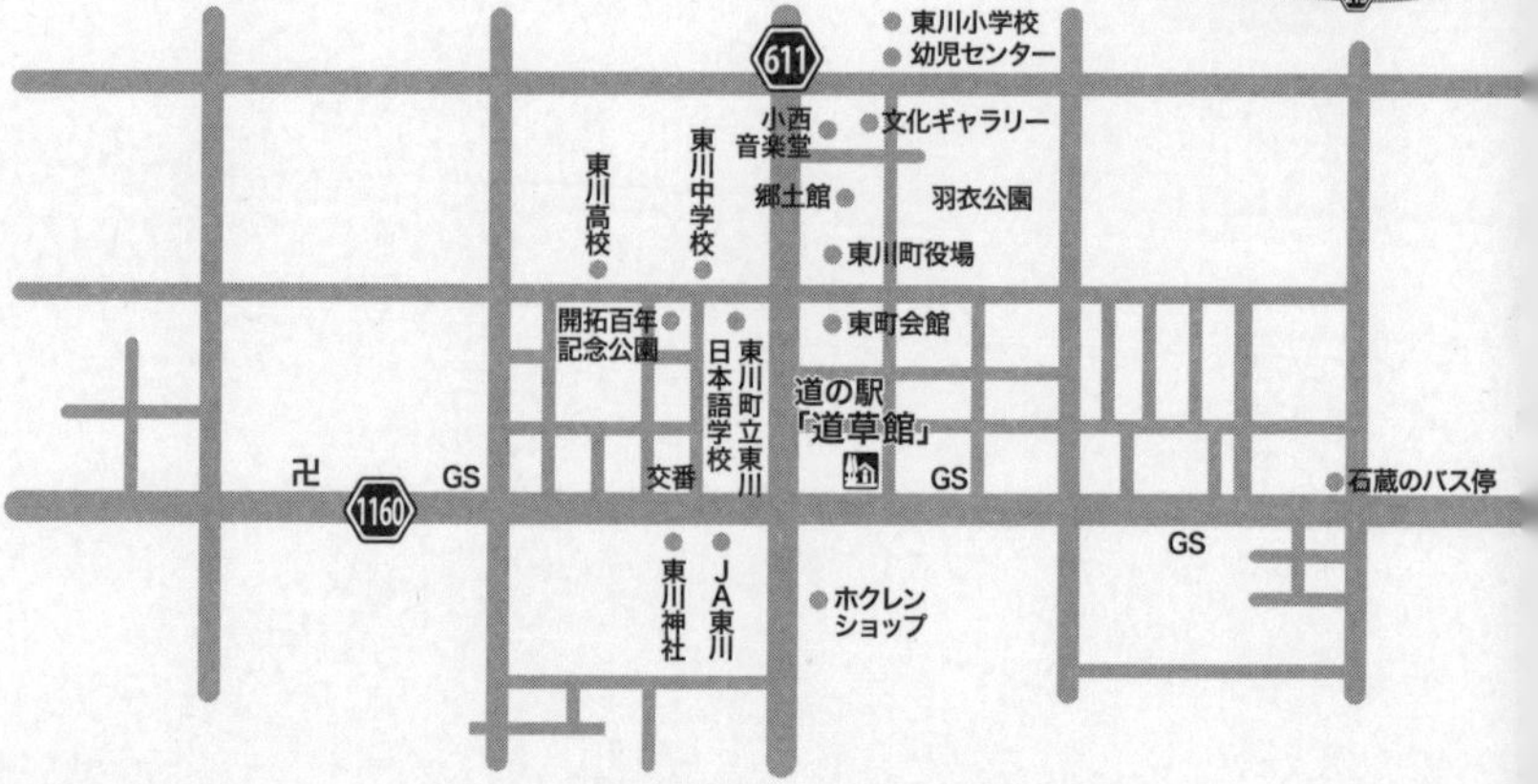

611
東川小学校
幼児センター
小西
音楽堂
文化ギャラリー
東川高校
東川中学校
郷土館
羽衣公園
東川町役場
開拓百年
記念公園
東川町立東川日本語学校
東町会館
道の駅
「道草館」
GS
交番
GS
石蔵のバス停
1160
GS
東川神社
JA東川
ホクレン
ショップ

東川町ものがたり

町の「人」が
あなたを魅了する

写真文化首都「写真の町」東川町 編

新評論

東川町立
東川第三小学校

上：東川小学校に安田侃の「帰門」。近くの幼児センター園児がお散歩
中：山の祭りで旭川チカップニアイヌ民族文化保存会が古式舞踊（旭岳温泉）
下：写真少年団の作品を、ストリートギャラリーでライトアップ（東川フォトフェスタ）

扉：天上からまるで、天の川が落ちてきたようだ！（疑是銀河落九天）。明治の文筆家・大町桂月が中国・李白の漢詩「廬山の瀑布を望む」を重ね合わせた羽衣の滝。ナイトウォーク
前頁上：キトウシ森林公園をピンクに染めるヤマザクラ
前頁下右：朝一番、校長先生とハイタッチ（東川第三小）
前頁下左：森林浴が人気のキトウシ。ドサンコはササを好んで食べ、森をきれいにする

忠別湖でSUP（サップ）しながら釣りするネイチャーガイド

忠別湖のスイムからスタートするトライアスロン

展望閣から眺める収穫間近の田園風景

旭岳ロープウェイ姿見駅から眺める御田ノ原の紅葉（９月）

ミネラル分豊富な大雪旭岳源水を大量に汲む近隣住民

東部地区にうねうねと続く畑作地帯

井戸ポンプで遊ぶ親子（郷土館前）

キトウシ山南端展望台から眺めた十勝岳連峰（10月）

裾合平の紅葉に綿毛となったチングルマが白く波打つ。正面は旭岳（9月）

視界良好、風になった気分のツリーイング（NPO法人大雪山自然学校）

林間で尻滑りを楽しむ幼児センターの子どもたち

東川発祥の氷彫刻と間近で上がる冬の花火（1 月氷まつり）

夕陽が水田を染める〝北の平城京〟

カラフルにライトアップする氷まつり

町が薪ストーブを奨励し、薪割りに精を出す

まえがき

それにしても、真っ直ぐな道である。視界の先のほうには、二二九一メートルの大雪山旭岳がそびえている。そう、ここは北海道。

北海道であれば、永遠と続くような真っ直ぐな道はどこにでもあるだろう、というような声が聞こえてきそうだが、あいにくと、今私が立っているのは市街地の真ん中である。道の左右には「道の駅」をはじめとして、飲食店やスポーツショップといったさまざまな店が並んでいる。少し遠くにはコンビニも見えている。

そして、今立っている所から左へ五〇メートルほど入ると、このあたりでは珍しい三階建ての町役場がある。どうやらこのあたりは、この町一番の繁華街らしい。いくら北海道でも、このような光景はそうそう見られるものではない。

通りすがりの人に尋ねてみた。

「この真っ直ぐな国道はどれくらい続いているのですか？」

「一八キロほどかな。でも、この道、国道じゃないですよ」
思わず、「えっ！」と振り返ってしまった。どうやら、道道らしい。長さだけでなく、小型飛行機であれば離着陸が可能なほど道幅が十分にあるこの道を、走り抜ける車はそう多くない。

北海道上川郡東川町東町、これがここの住所である。JR旭川駅から東へ一五キロほど行った所にある、人口八〇〇〇人ほどの町である。全国的に有名となった「旭山動物園」までは車で一〇分、テレビのコマーシャルで話題になっている「青い池」（美瑛町）までは、車で四〇分ほどという所でもある。私はこの町の本をつくりたくて、二〇一三年一一月に初めて訪れた。といっても、この「まえがき」を書いているのは本書の筆者たちではない。この本を出版することになった出版社の編集者である。

「地域づくり・町づくり」といったテーマで本をつくり続けている私は、三年ほど前、この町が行っている行政シス

約18kmにわたって続く真っすぐな道

テムに大変興味をもった。そして、知り合いを通して町長である松岡市郎さんに、「ぜひ、東川町の本をつくりたい。ついては、一度お目にかかってお話をしたい」という趣旨の手紙とともに、これまでに刊行した本を数冊同封して送った。

　返事がなくてもしょうがない……つまり「ダメもと」と思っていたのだが、すぐに返事をいただき、この日、東川町を訪れることになったわけである。

　約束どおりの時間に役場に行き、案内されるまま町長室に入る。お目にかかったのは、松岡市郎町長と合田博副町長、そして企画総務課長（当時）の増田善之さん。いただいた名刺には、カラーのきれいな風景写真が印刷されていた。

　早速、本題に入る。こちらの意図を一気に述べていくが、頭の中では「まあ、普通は断られるよな……」と覚悟もしていた。しかし、すぐに快諾を得られた。ちょっと拍子抜け、といった感じであったが、目的を達した私は図に乗って、さらにエスカレートして話を続けていった。

役場庁舎には、写真文化首都　写真の町・東川町、とあった

そこで問題になったのが筆者である。そう、誰がこの本の原稿を書くのか、ということである。筆者がいなければ本はつくれない。先にも述べたように、私は編集者であってライターではない。

「役場のなかで誰か探してくださいよ。最大限のお手伝いはしますから」と言って打ち合わせを終了したのはいいが、この難題、そう簡単には解決しないだろうと思った。にもかかわらず、役場近くにある居酒屋「りしり」で設けられた夜の宴席では大いに盛り上がってしまった。

東京に戻り、年をまたいでの数か月、「筆者が決まった」という連絡はもちろん入らない。簡単に見つかるわけがない。しかし、私としては、決まったときのことを考えて予備知識を吸収しておかなくてはならない。訪問後に東川町から送られてきた数枚のＤＶＤを、再度観ることにした。そして、「この人なら……」とひらめいた。

居酒屋りしり

数日後、運よくラトビア大使館（東京都渋谷区）で松岡町長に再会する機会に恵まれた（なぜ、ラトビア大使館なのかについては第5章を参照）。その席上で筆者の推薦をさせていただき、同席されていた地域活性課長（当時）の杉山昌次さんにお願いして、ご本人の了解を取ってもらうことにした。そして決まったのが、吉里演子《ひろこ》さんである。

二〇一〇年二月に大阪市阿倍野区から東川町に移住してきた彼女は、学芸員という資格をもち、役場の正規職員として「東川町文化ギャラリー」で働いている。もちろん、本を書いたことはこれまでにない。それに、東川町に来てから六年しか経っていない。本当に書けるのか……そんな不安を解消してくれたのが合田副町長であった。

合田副町長は、本書を構成するにあたって必要となる情報を管理している関係部署の責任者にサポートさせる、という提案をしてくれた。もちろん、そのなかには松岡町長も含まれている。これで、安心して本をつくっていくことができる。言ってみれば彼女は、筆者という立場ではなく責任編集者となったわけである。

東川町役場のスタッフが総力を挙げてつくった『東川町ものがたり』、ぜひ、じっくりと読んでいただきたい。北海道に住んでいる人でさえ知らない東川町の「すごさ」を随所で発見することであろう。そして読了後、「うそー！　こんな町があったのかー」という感嘆の声が上がることを、出版社として保証したい。

新評論　編集部

もくじ

第6章 「写真の町 ひがしかわ株主制度」（企画総務課） 233

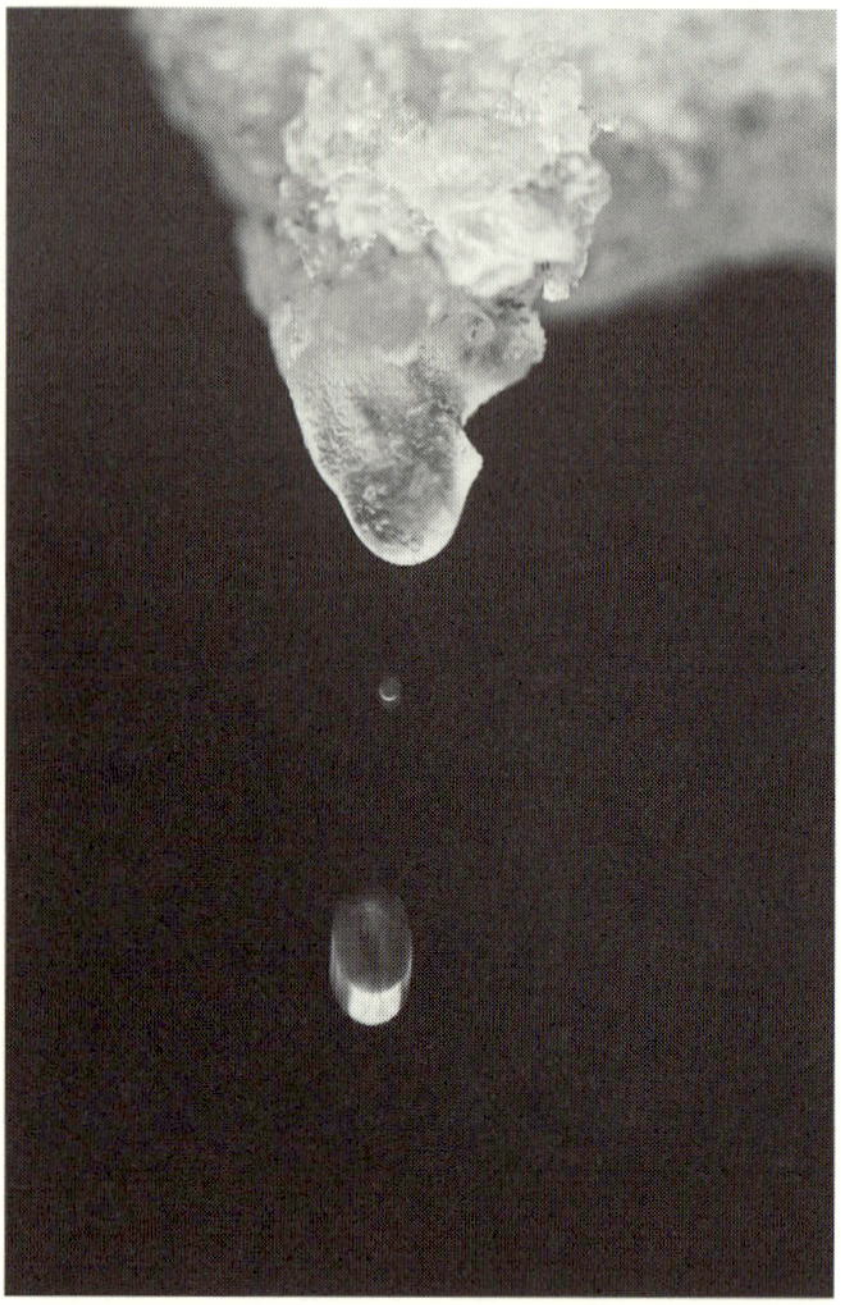

東川町ものがたり——町の「人」があなたを魅了する

お断り

2016年７月に発売しました本書をこのたび重版させていただきましたが、本文に掲載されておりますデータや記述などは発売当時のままとなっております。最新情報をお知りになりたい方は、奥付に記しております東川町役場までお問い合わせください。また、東川町のホームページや、弊社刊行書籍『攻める自治体「東川町」――地域活性化の実践モデル』（中村稔彦著、2022年４月刊）をご参照いただければ幸いです。（2022年３月、編集部）

プロローグ——なぜ、大阪から東川町に来てしまったのか（吉里演子）

ずーっと、東川町に恋をしてきた。大学を卒業するまで大阪市東住吉区の実家にいた私だが、高校生のときに東川町を訪れる機会に恵まれた。六泊七日という短い滞在だったが、このときに体験した出来事が理由で、寝ても覚めても東川町のことを想うようになってしまった。言ってみればそれは、憧れの男性に片思いをしてしまったときの心情と似ているのかもしれない。

それでは、なぜ私がこんなにも東川町にのめり込んでいったのかについて説明をしていきたい。「まえがき」で述べられているように、東川町は北海道上川郡にある。旭川市の東隣に位置しており、二〇一六年三月一日現在、人口八一一〇人の町である。主産業は農業と木工業という、言ってみれば、どこにでもある田舎町である。

そんな東川町が、一九八五年、自治体として初めて「写真の町」を宣言した。それ以来、毎年夏に「東川町国際写真フェスティバル」（愛称：フォト・フェスタ）を開催しており、宣言当時に創設された「写真の町東川賞」を、写真文化に貢献した写真家に贈り続けている。

また、「写真の町」の宣言から一〇年後となる一九九四年、それまではプロ・ハイアマチュアの大学生を対象にしていたフォト・フェスタの底辺拡大を図り、高校生に向けたイベント「全国高等学校写真選手権大会」(通称:写真甲子園)も開催するようになった。まさに、私が東川町と出会うきっかけとなったのが、この写真甲子園であった。

二〇〇三年、私は大阪市の阿倍野区にある大阪市立工芸高等学校に入学した。現在であれば、地上三〇〇メートルの、日本一の高層ビル「あべのハルカス」(二〇一三年開業)が校庭からのぞめる所だが、私が通っていたときには通天閣しか見えなかった。俗に「北」と呼ばれる梅田に比べると再開発の進んでいない、大阪らしさを十分に残していた町「天王寺」のすぐそばに学校はあった。

入学して私は、「撮影研究部」なるクラブに入部した。実は、工芸高校は「写真甲子園」が開催されたときから応募を続けており、私が入学した時点では八回の出場を果たしていた。それがゆえ、撮影研究部の主たる活動は、写真甲子園の予選を突破するための作品づくりと言ってもいいような様相を呈していた。

写真甲子園に出場するためには、五月下旬から六月上旬締め切りの初戦応募に四~八枚の組写真を提出し、東京で行われる審査をまず通過しなければならない。通過した高校は、全国を一一ブロックに分けた「ブロック別公開審査会」(二〇一五年からはじまったもの)で審査を受け、通過した高校のみが東川町を主会場とした北海道での本戦大会に進出できる。出場校数は第一回から徐々に増加しているが、ここ数年は一八校が通常の場合の本戦大会出場校数となっている。

私が出場した第一二回大会の出場校枠は一四校であった。各校とも、「選手」と呼ばれる三人の高校生と監督を務める先生の、合計四人がエントリーできる。学校内で予選通過のための組写真をつくるのは何人でもいいのだが、出場が決まって北海道に行けるのは三人だけである。工芸高校も、写真甲子園に出場したいというメンバーが競う形で作品をつくっていた。

撮影研究部に入部すると、新入生は顧問の先生から長々とした話を聞かされる。その内容は、カメラの使い方や写真を撮影するうえでの技術的な話といったものではなく、一種の思い出話のようなものである。はっきり言って、中学を卒業したばかりの子どもにとっては「苦痛」と感じられるような話が毎年繰り返されている。

下校時間のチャイムが鳴ってもまだ終わりそうにない話に少々うんざりしはじめたとき、「まぁ、続きはこれを家で見てきて」と言って一本のビデオテープをわたされた。「なんやこれは？これにその『写真甲子園』というのが紹介されているんか？」と思って、家に帰ってから一人で見はじめたところ、予想どおりの見出しが映し出された。さんざん夕方に聞いたんやけど……と、またもやうんざりしたが、ビデオは一本しかないため、早く見てほかの新入生に回さなければならない。

ある種の義務感で見はじめたこのビデオは、「写真甲子園」の本戦大会を追いかけたドキュメントであった。全国から集まった高校生が繰り広げる撮影ステージの様子を見て、知らず知らずのうち、彼らの熱い想いに同化していた。そして、ビデオの終盤、私は涙を流して感動していた。「何だ！　何だかよく分からないけど、すごいぞ写真甲子園！」と思ってしまったのだ。「私も写真甲子園に出場したい！」と心に決めて、次の日から学校に通うようになったわけだが、すでに先輩たちが撮影の真っ最中で、必死になって応募作品をつくっていた。つまり、新入生の私が入れる余地はどこにもなかった。

「来年は……」と思って写真の勉強をはじめたのだが、二年生になって、同じクラスの友人が三年生の先輩たちと初戦応募に取り組んだにもかかわらず、私は挑戦するのをやめた。なぜかというと、理由は簡単、怖じ気づいたのだ。

本戦出場を目指す工芸高校における作品づくりはかなりハードなもので、先輩たちの様子を見ると、体力も精神力もボロボロになっているのが分かる。先生が「初戦応募は地獄だ」と言うぐらい、初戦の審査を通過するためのハードルは非常に高い。それだけ「やりがい」のあるものだということは頭で分かっていたのだが、わざわざ地獄を見に行く必要はないのでは……と思ってしまったのだ。

この年、先輩たちは見事に写真甲子園への出場を果たしている。二〇〇四年、第一一回大会である。一緒に挑戦した同級生は三人の選抜メンバーには選ばれなかったが、先輩と一緒になってボロボロになりながら撮影の話などをしている姿を見たら、ふいに、自分がとんでもない選択ミスをしたのではないかと感じた。

本戦大会がはじまると、ホームページで配信される映像や写真をかじりつくように見た。いつも一緒に活動している先輩たちが、北海道の東川町であんなにもキラキラと輝いている。開会式での笑顔、撮影中の走り回っている姿、そして表彰式で見せた涙と、そのあとの晴れやかな表情、そのどれもが感動的なものであった。ちなみに、このときは優秀賞（美瑛町長賞）を受賞している。

写真甲子園が終わって大阪に帰ってきた先輩たちが話すことといえば、当然、写真甲子園のことばかり。映像で見たことを言葉で聞くと憧れが増したのだが、自分が挑戦するのはやはり怖くて、まだ踏み切れずにいた。そんなとき、顧問の先生が次のような話をした。

「先輩はいろいろと写真甲子園のことを話しよるけど、本当は実際に行ってみて、経験してみないと分からんことを話してんねん。つらいことも多いけど、やってみたら人生変わるで」

この言葉で初戦作品に応募することを決め、写真甲子園に挑戦することにした。高校二年生の秋、人生で初めて、自分で下した大きな決断であった。そこからの高校生活は写真甲子園一色、日々自分との闘いとなった。頑張らないと納得のいく結果を得ることができない。ひょっとしたら、六月というタイムリミットまでに納得できるだけの写真を撮ることができないかもしれないという不安を毎日抱えながら作品づくりに励んだ。

私を含む三人での制作だったので、あとの二人がいい写真を撮ってくれれば写真甲子園に行けるかもしれない。でもそれは、私が手に入れた切符ではない。こんな弱気なことも考えながら作品をつくり続け、何とか締め切り前に北海道に発送することができた。あとは、本戦出場の決定が記されたFAXを待つのみである。

そこからの約一週間は、何をしていても上の空であった。だから、体育の時間の前に先生から「ちょっと、職員室に寄っててんか」といつもの調子で言われたときも、「今から体育の着替えがあるんですけど……終わってからでもいいですか?」とそっけなくこたえてしまった。

体育の授業が終わり、着替える前に職員室に寄らないと……と思いながら階段を上がった瞬間、体全部に響きわたるような「ドキン」という心臓の音が鳴った。まさか、まさか……何でさっきは感じなかったのだろう。この時期、先生が呼び出すってことは……。

そんなことを考えながら走ったものだから足を踏み外して膝をすりむいてしまったが、気にもせずに、「ドキン、ドキン」という心臓の音とともに階段を駆け上がった。そして、思い切り開けたドアの向こうには先生の笑顔があり、その手には一枚の紙が握られていた。それからすぐに教室に戻り、あとの二人に報告して三人で抱き合いながら泣きじゃくった。次の授業のとき、「もう泣き止め！」と言った先生の笑顔を今でも覚えている。

　夢に見た憧れの北海道東川町での本戦大会、言うまでもなくキラキラと輝いたものだった。「明日の撮影の作戦を立てないと……」と言いながら、顔はにやけていた。立木義浩審査委員長をはじめとする審査員の先生方が、すごくまぶしくて大きく映る。雨が降っていて、カメラのレンズがいつも濡れていて困った。何しろ、喜怒哀楽の振り幅がものすごく大きくて、常に舞い上がっていた。

　このときに経験をした一瞬一瞬の出会い、その連続に感謝をしつつ私たちの写真甲子園は幕を閉じた。結果は優秀賞であった。もちろん、優勝を目指していたので悔しかったが、それ以上に写真好きの仲間が全国にできたこと、一緒に出場した先生、同級生の二人と同じ時間を過ごしたことでこれまで以上に近い存在になれたことなどが、私にとってはかけがえのない宝物となった。私の高校最後の夏は、「ありがとう！

写真甲子園2005（第12回）出場時の筆者

写真甲子園」という言葉で終わった。

高校を卒業して大阪芸術大学の写真学科に入学した私は、同級生が話すさまざまな写真への思いに戸惑ってばかりいた。高校生のころは、「写真大好き!!」ということをいかに大きな声で言い合うかといった雰囲気だったが、「実家が写真館だったので写真学科に入りました」とか、「別に、将来写真家になりたいとかじゃないんだけど……」といった話を聞いているうちに、写真や大学生活に対する気持ちが一気に下降線を辿るようになった。もちろん、そんな学生ばかりでなく、写真に真剣に取り組む学生も多かったが、数人のコメントが大学生活に希望ももって飛び込んだ私の心を曇らせた。

そんなとき、高校の先輩から、「写真甲子園のOB・OGボランティアを募集していて、私は行こうと思うんやけど、一緒に行かへん?」と誘われた。ボランティアスタッフも忙しくて大変だと聞いていたため、自分のなかにまた「怖じ気虫」がうずきだし、すぐに返事をしなかった。またその年、母校が本戦に出場できなかったこともあってモチベーションが下がっており、今年の写真甲子園はホームページで観戦しようかと思っていた。

しかしその後、東川町でお世話になった町のスタッフの方からも声をかけていただき、東川町の人から直接連絡いただいたのならやってみようかな、と悩みもしたが、結果的にはボランティアとして参加することにした。そこで私は、高校のときに先生が言っていた言葉、「写真甲子園を知ったら人生変わるで」の本当の意味を知ることになった。

東川町で二度目の写真甲子園の本戦大会をボランティアという形で経験したことで、昨年自分が出場したときには見えなかった裏方さんたちの大変さを知った。写真甲子園は、「裏方」とされるスタッフの方々によって支えられていた大会であった。

私が一緒になって行動していたスタッフの方々は町役場の人が多かったのだが、みなさん毎日夜遅くまでミーティングをし、自分はボロボロになっても、昼間はそんなことをおくびにも出さずに高校生のサポートをして大会運営に励んでいた。写真甲子園に出場している高校生のために、ということを第一に考えて、みんなが一つの目標に向かって動いている……なんて

選手に食事を提供する婦人団体のみなさん

かっこいいんだろう！

　私が出場したとき、大会終了時にもちろん「ありがとう」とは思った。しかし、ボランティアを経験して、写真甲子園にかかわる人たちのかっこよさに触れたとき、本当の意味で「ありがとう」と思えたように感じる。こんなにかっこいい大人たちに支えられていたから、私たちは自分のことだけを考えて、写真漬けの毎日を過ごすことができたのだ、と。

　こんな世界があった。このときから、私は写真甲子園の虜となってしまった。大学生活に戻っても、考えるのは写真甲子園のことばかりである。何とかしてかかわりたいと思い、母校に通っては写真甲子園の話に混ざり、後輩が応募しようとしている作品について一緒に考えたり、暗室作業を手伝ったりした。

　高校生であったころは、そんな風に自分たちの活動にかかわってくる卒業生の先輩を見てプレッシャーを感じることもあった。写真を見てもらって、「こんな写真では、まだ東川町には行けないよ」なんて言われると、なんでそんな恐ろしいことを言うのだろう……とも思っていたが、卒業した自分もすっかりそんな先輩になっていた。

　それからというもの、母校に通っては写真甲子園を感じ、夏になると東川町でボランティアスタッフとして参加するという生活にのめり込んでいった。そして、大学三年生のとき、ボランティアとして参加した写真甲子園である違和感を覚えた。

あれ、写真甲子園にかかわっている気がしていたけど、私はまだまだ「お客様」なんだ……と。

もちろん、かかわってはいる。しかし、スタッフTシャツを着た町の職員たちが真剣な顔で話し合っている背中を見て、「あのなかに入りたい！」と思うようになった。これまでは「北海道で開催されている写真甲子園」という認識でしかなかったが、このときから、「東川町で開催している写真甲子園」ということが意識できるようになった。

初めて出場したときは、「北海道で写真が思いっきり撮れる」ぐらいにしか考えていなかった。北海道といえば、青く大きい空、緑の広い大地、ラベンダーといったガイドブックで見るような美瑛や富良野の風景を思い浮かべ、「東川町」という意識はまったくなかった。そこで出会った人のほとんどが東川町の人であっても、その人自身を大好きになるだけで、東川町という存在に関しては写真甲子園の付録程度にしか考えていなかった。

同じ年に写真甲子園に出場した高校生のなかにも、「東川町にまた来たい！」と言っている人もいたが、私にはその意識はかなり低く、町そのものについて考えたことはほとんどなかった。私が惚れ込んでいた写真甲子園は、そこに人がいて、もちろん写真があって、それで世界が回っているという単純なものであった。つまり、一年の内の一週間ほど東川町に滞在し、写真甲子園にかかわっている人によくしてもらうというような、人の温かさに触れたくて毎年通っていただけであった。

それが、町のスタッフの人たちの、あのかっこいい大人たちの仲間になりたいと思いだしてからは、一年中、東川町の人たちと過ごしたいと思うようになった。今までのように大阪から来ていたのでは、いつまでも「お客様」でしかない。となると、東川町に住むしかない。そのためには、東川町のことをもっと知らなければならない。そんな思いがきっかけとなり、私のなかで東川町の存在がどんどん大きくなっていった。

大学の四年生になってすぐ、東川町に住むのであれば、写真甲子園の七月や八月だけでなくほかの季節も体験しなければならないと思い、春夏秋冬、各季節に東川町を訪れることにした。親の了解を得るため、卒業制作のテーマを「心のふるさと」にして、撮影旅行としたわけである。それほど、東川町に対する思いはピークに達していた。

とはいえ、費用という問題があった。ずっと実家で暮らしていた私は、当然のように親に甘えており、ボランティアとして参加する際にも旅費を出してもらっていた。卒業制作のためとはいえ、「ほかの時期にも東川町に行きたい」と言ったとき、母は珍しく厳しい表情になった。

「どうやって行こうと思ってるの？　そんなに何遍も、家《うち》のお金で行かせてあげられへんよ」

ここで、年四回の東川町滞在計画はストップした。いつもお世話になっているホームステイ先のご家族に、「この時期に行きたい！」と勝手に日程を伝えていた私は泣く泣く延期の連絡をし、資金を貯めるためにアルバイトをはじめることにした。どれだけ自分が甘えた生活を送っていたか、「東川町に住みたい、住みたい」と言っても、実際に暮らすということが簡単なことではないということを母は教えてくれた。

　何とかアルバイトで目標金額を貯めた私は、三月、晴れて東川町に滞在できることになった。まずは東川町の人を撮影するために、ホームステイ先の自転車を借りて町内を走り回った。ホームステイ先の方に地元の農家の方を紹介してもらって撮影をし、その農家の方に別の農家さんを紹介していただくという「数珠つなぎ」で撮影を続けた。もちろん、卒業制作の作品づくりのためだが、もう一つの理由として、東川町に住むための事前調査ということもあった。

　被写体になってもらった人とは、コミュニケーションを取りつつ撮影を行った。「東川町ってどんな町ですか？」とか「東川町っていい町ですよね！」と言って、町民のみなさんから正直な意見を引き出すことにした。しかし、この質問をすると、驚くことにほとんどの方の第一声が「いやぁ、ここは何もない町だよ」であった。

「田舎だしねー。大阪から来たんだったらびっくりするでしょう」とも言われたが、そのあとには決まって必ず、次のような言葉で東川町のお気に入りポイントを紹介してくれた。

「でもね、自然は素晴らしいんだよ」

「お水やお米は、本当においしいよ」

「農作業していて、ふと見上げると大雪山がすごくきれいでね。その前を白鳥が飛んだりすると、見とれてしまうんだよね」

「人はみんなやさしいね」

町役場の職員ならともかく、町民のみなさんが自然な形で町を紹介している。もちろん、私も地元の大阪が好きだが、自分の住む町をこんな風に紹介できるだろうか。「大阪と言えば人情の町……」といったように、受け売りのような紹介しかできないかもしれない。

住んでいる人々が、自らの言葉で自分の町に対する想いを話し、その言葉どおりに生活をしている。撮影をすればするほど、これまでとは違った東川町の魅力を感じるようになった。それに、この町の人々は、何と言っても「ウェルカム精神」がすごく強い。人が人に興味をもっているというか、よそ者を嫌うということがまったくなくて、常に自然体で受け入れてくれる。

田んぼの向こうには大雪山

気が付けば、家に上がり込んで話しているということも度々あった。

こんな撮影旅行を繰り返すことで、東川町への想いはますます強くなっていった。大阪にいても思うのは東川町のことばかりとなり、ホームページで検索をしては、今こんなイベントをしているとか、稲刈りがはじまったというような情報をゲットして、この町におれないストレスを発散していた。

念のために言うが、私は「大阪にいたくない」という逃避的な気持ちで東川町に行きたかったわけではない。生まれ育った大阪は住みやすい町だし、家族のことは大好きである。思い出もたくさんあるし、離れたくないという気持ちももちろんあった。でも、そんな気持ち以上に、東川町の魅力に惹かれてしまったのだ。

高校から大学と東川町に片想いを続けた私は、今度は、東川町にも私のことを好きになってほしくてアピールをすることにした。現在の職場である東川町の「写真の町課」に行っては、「東川町に住みたいんです！」と言い続けた。「仕事は何するの？」と言われたとき、「分かりません！」などと無責任な答えをしていたが、これが私にとっての就職（生活）活動であった。必死な気持ちで東川町に通い、東川町のことを知ろうと私なりの努力を続けた。

そして、大学四年の一二月、「写真の町課」の市川直樹課長（当時）から「東川町に大量の写真作品が寄贈されるので、今、整理する人を探しているんだけど……」という連絡をもらった。

一年間の臨時職員ということであったが、この夢みたいな話を断るわけにはいかない。気が付けば東川町に移住していた。写真甲子園にチャレンジしたときに思った、「考えている時間があるんだったら、飛び込もう」状態そのものであった。

なんとか恋い焦がれた東川町民になれた。これも、東川町に住む人たちの支えがあってこそである。まだまだ子どもであった私、どんな能力があるかも分からない大学生をこの町は採用してくれた。私には、東川町と、そこに住む人々が大好きという気持ちしかなかった。しかし、その気持ちを東川町はくみ取ってくれた。そんな町を好きになって本当によかった。願いは通じるものだ、とも確信している。


一年後、幸いにも私は正職員になれた。実際に住みはじめた東川町がどういう町なのかについて簡単に話しておこう。

私が移住したのは二〇一〇年二月である。言うまでもなく一面雪景色で、寒さは大阪と比べるまでもなかった。職場からの帰り道、ひたすら下を向いて転ばないように歩いていた（免許をとって車社会にのめり込むのは、もう少しあとになる）。もちろん、初めての独り暮らしであるから、寂しさを感じるときもあった。そんなとき、田んぼのあぜ道でボーっと夕日などを眺めていると、周りに拡がる世界の大きさに溶け込んでしまって、寂しさがどこかへ行ってしまっていた。

住みはじめた当初は、正直、ちやほやされていたと思う。「写真甲子園がきっかけで東川町に惚れ込んで、大阪から移住してきました」と言えば、町民の方々がうれしそうに迎えてくれた。事実、会話のきっかけとしては最高のものであった。そのおかげで、たくさんの方にお世話になっている。でも、そんなことはいつまでも続かない。いつかは飽きられて寂しくなるのかな……なんて、心の奥で思っていた。

自分だけが特別な存在だ、と思わせておいて、実はそうではなかったというのはよくある話である。たとえば、自分にだけ優しくしてくれているのかと思っていたら、実はほかの人にも同じように優しくしていたという事実を知る。それでがっかりするわけではないが、「あ、私だけじゃなかったんだ」というちょっと恥ずかし

筆者の勤務先である東川町文化ギャラリー

い気持ちになる。こんな心情、誰もが経験することであろう。しかし、私自身、どこかで何か特別な存在になりたいという気持ちを抱えてこれまで生きてきたように思う。

今、「写真甲子園で来た大阪の子」ということではなく、ちゃんと東川町民として私のことを扱ってくれている。それがとても心地よい。この町は、一人ひとりが違った意味で特別な存在になれるような気がする。みんながそれぞれ、個性を尊重しあっているのだ。これが、住みはじめて分かったことの一つである。そのせいだろうか、自らの人生をしっかりと歩んでいる人が多い。本当に、「かっこいい大人」が多いのだ。

片想いから少しはステップアップできたような気がするが、相思相愛になるためにはまだまだ東川町のことを知らなければならない。その過程を今、とても楽しみにしている。言ってみれば、本書の編集を行うことが新たなスタートなのかもしれない。とはいえ、新参者の私に東川町の全貌を記すことはできない。そのため、松岡市郎町長をはじめとして役場の方々に寄稿をしてもらいつつ、町内を走り回ることになった。

東川町で行われている「町づくりの仕掛け」、雄大なる自然のもとで町の人々が暮らしている様子などを本書で伝えていきたい。驚きとともに、人生が変わるチャンスを、読者のみなさまに提供できればと思っている。

第1章

担当：松岡市郎町長

「三つの道がない」町が北海道にある

水を張った田んぼ。「北の平城京」と呼ばれる眺め

1「北の平城京」と呼ばれる東川町

北海道以外に住む人々に写真文化首都「写真の町」東川町を紹介するときには、必ず「三つの道がない」ことを自慢しながら伝えるようにしている。その「三つの道」とは何かというと、「国道」「鉄道」「上水道」である。もちろん、都府県には絶対にない「北海道」という、未来があり、夢がある大きな「道」があることを誇りにもしている。

北海道で「国道」「鉄道」「上水道」がないというと、馬と鹿ぐらいしかいないのではと考える人がいるかも知れない。これなら「馬鹿」しかいないのではと想像する人もいるかもしれないが、我が町には「元気な人」が多く、現在、各地方都市などにおいて問題となっている人口減少下のなか、人口は微増傾向となっている。

なぜ、人口が微増傾向にあるのかについて説明しておこう。いくつかの複合要因が考えられるが、北海道内で、地理的にも自然的にも条件がもっともよい所が写真文化首都「写真の町」東川町であると言える。町の中心市街地にある役場を起点として東西南北を見わたしてみると、東には北海道最高峰の旭岳（二二九一メートル）、その麓には二つの温泉郷「天人峡温泉」と「旭岳温泉」がある。ともに東川町の行政区域内であり、車で三〇~四〇分という地理的環境である。

西には、北海道と東北六県にある都市のなかで人口が三番目となる旭川市（約三五万人、一位・札幌市、二位・仙台市）があり、市役所やJR旭川駅までは車で三〇分程度、旭川市にあるすべての総合病院までも車で三〇～四〇分程度という利便性である。そして、南に位置している旭川空港までは車で一三分以内という、アクセス面においても申し分のない立地となっている。

実は、東川町は「北の平城京」とも呼ばれている。その理由は、町の北側にあるキトウシ山（四五七メートル）から広がる眺望が、平城京の朱雀大路を中心とした碁盤の目道路に整備された町づくりと似ているからである（本章トビラ写真参照）。このエリアまでは、中心市街地から車で五分程度でしかない。東西南北がこのような環境下にある町は、全国的に見ても稀有であろう。

ところで、キトウシとは、アイヌ語で「ギョウジャニンニクがたくさん採れる所」という意味で、同じ地名が道内にいくつかある。ギョウジャニンニクはネギ属の多年草で、強いニンニク臭があり、煮たり焼いたり加熱すると甘味が増すという春の山草である。

東川町のキトウシ山一帯は「森林公園家族旅行

天人峡温泉「天人閣」の水車露天風呂

村」として開発され、ゴルフ場、パークゴルフ場、スキー場、キャンプ場、トロン温泉、ゴーカートなどで遊べる公園を（株）東川振興公社が管理し、運営している。頂上付近にお城風の展望閣があり、東川と隣接する東神楽町、旭川市がはるか遠くまで見わたせる。

その旭川市にある有名な旭山動物園まで、東川からは車で一〇分ほどしかかからない。ある会合で、私が「旭川空港と旭山動物園に日本一近い町」と紹介したところ、東川町を訪れる議員視察団が急に増えた。「日本一の効果は大きい？」と、思わずニンマリしてしまった。

それでは以下で、我が町にない「三つの道」について少し詳しく説明していこう。

キトウシ森林公園家族旅行村の全景

2 「国道」がない——直線一八・二キロの道

たしかに、国が管理している国道はないわけだが、旭川市や隣接する町と町を結ぶ北海道が管理している「道道」が六本町内を走っている。そのうちの一本、道道1160号線は旭川市から東川町までの区間一八・二キロメートルを結ぶ直線道路である。「まえがき」でも紹介されたように、これほど長い直線道路は珍しい。他地域から訪れた人々は、その長さに目を見張ってしまう(1)。

一方、町道は五五〇メートル間隔で接続しており、碁盤の目のように区画されている（地図および本章トビラ写真参照）。地域住民の各住宅はこの町道に面して建設されており（市街地形成区域は除く）、すべての住宅が南向きとなっているために日当たりはよい。また、冬のことを考えて、ほとんどの住宅の屋根が三角形となっており、二メートルという積雪があっても雪下ろしをすることはない。

このように、国道がなくても住民が不自由することは「まったく」と言っていいほどない。

（1）この道は北海道で二番目に長い。一番長い直線の道は、札幌と旭川を結ぶ国道12号線の美唄市光珠内から滝川市新町までの二九・二キロメートルである。

3 「鉄道」がない——かつて走っていたチンチン電車

正直なところ、ＪＲの路線がなぜ敷設《ふせつ》されなかったのかについては分からない。隣接する旭川市とは、生活文化の質的な向上、生産した農産物などの販売流通、先に挙げた温泉地での保養など、人と貨物輸送という文化経済交流のために鉄道の開通は開拓以来の課題であったし、その要望も強かった。

そんななか、一九二七年に旭川と東川を結ぶ「チンチン電車」と呼ばれた民間電車が開通し、当時の農村生活を変える文明開化の幕開けとなった。郷土史『ふるさと東川』には、開通を記念して東川神社に千本桜が植栽され、その後、境内で一〇〇〇人近い花見客で賑わっている写真が掲載されている。またそれ以外にも、貸し切り電車でお嫁入りをするという光景もあった。

いずれにしろ、この民間電車のおかげで通勤・通学も飛躍的に便利となり、高校生をはじめとした生徒たちは下宿生活から解放され、親の経済的負担も軽減されたわけである。まさに、電車は歴史上の一大変革となり、文化経済の発展にも大きく貢献することになった。

とはいえ、冬季には氷点下二〇度近くになることもある当地のこと、電車は数十分や数時間の遅れは普通であり、時には途中から運行中止ということもあった。旭川への通学途中で運行停止となると、家に帰ることもできず、ひたすら高校を目指して歩くしかなかった。足や耳が寒さで凍傷となることや、旭川市内にある親戚などの家に立ち寄って暖を取ったということもあったと聞くが、不満を言う者はいなかった。そう、単に冬の風物詩であったのだ。

このような電車も、一九六五年代の後半からの車やバスの普及でモータリゼーションの波に飲み込まれ、一九七二年に廃線となった。四六年間にわたって走り続けたチンチン電車の一車両（101号）が、現在、郷土館（地図参照）に展示されている。当時は、この車両以外に「102号」と「103号」の二両が走っていた。そして、後半になると「1001号」と「1002号」が追加されている。

今、鉄道がないことが当たり前の暮らしが定着しており、鉄道を要望する声は聞かれないが、高齢化の進展に伴って公共交通の充実を求める声は強くなっている。

飛彈野数右衛門（97ページ参照）が撮った路面電車の軌道（現在の道の駅「道草館」付近）

4 「上水道」がない――大雪山の恩恵

この話を聞いた人は、一様に「えっ、一体どうしているの？」という質問を投げ掛けてくる。本町では、各戸が地中に二〇メートル前後のボーリングを行い、ホームポンプを設置して地下水を汲み上げて飲料水などに利用している。もちろん、塩素滅菌はしていない。飲み水、トイレの流し水、風呂などといったすべての生活用水がナチュラルミネラルウォーターなのだ。水質調査は定期的に行っているが、まったく問題はない。弱アルカリ、中硬度水で、特徴的なこととして、カルシウムとマグネシウムのミネラル分の構成比が「2対1」となっており、もっともバランスの取れた水質となっている（詳細は次節を参照）。

このように、大変バランスのよい健康的な水の源は、大雪山旭岳を中心に降った雪や雨が何十年もかかって地下浸透した伏流水である。「雪の科学者」と言われた中谷宇吉郎が(2)「雪は天から送られた手紙」と表現している。大雪山連峰の雪を観察して魅せられ、雪には同じ結晶が二つとなく、神秘的で美しいことからこのように記したそうである。

大雪山という名称は、鳥取県出身の松原岩五郎が書いた『日本名勝地誌』（博文館、一八九九年）に出てくるが、鳥取県の大山（一七二九メートル）に形が似ていることから命名されたとも言われている。大雪山《たいせつざん》は、私たちが生活するうえにおいてもっとも大切な水を供給してくれる源となっている。東川町において大切な山、つまり「大切山《たいせつざん》」なのである。

大雪山の麓に位置するノカナン地区には、この伏流水が日量六六〇〇トン程度湧き出している所があり、東川町はここを「大雪旭岳源水」と命名し、公園として整備している。ここでは自由に水を汲むことができ、ポリタンクを持参した「タンク族」と呼ばれる人々が毎日一〇〇人から三〇〇人程度訪れてにぎわっている。

このミネラル分の豊富な雪解け水は、大雪清流として東川町を中心とした盆地の水田も潤しており、地域団体商標に登録されている「東川米」の生産にも大きく貢献している。三十数年前までは、北海道の米は「やっかいどう米」とか「猫もまたいで通る猫またぎ米」と揶揄されていたが、品種改良と寒地稲作技術の励行《れいこう》から、今や北海道米は日本を代表する米として高い評価を得ている。北海道米の産地の中心といえば、東川町、東神楽町、当麻町、旭川市などを中心とした上川盆地である。そのなかでも「東川米」に対する評価は群を抜いたものとなっている。これも、

---

(2)（一九〇〇〜一九六二）石川県加賀出身の物理学者で、雪と氷の研究者。大雪山の十勝岳麓、旭岳温泉などで雪の結晶観察を行った。北大低温研究所の教授のとき、忠別川の洪水（一九四七年）被害調査を指揮し、翌年は旭岳周辺に降り積もった雪の目方を測るなど東川とゆかりの深い学者でもある。生まれ故郷に「中谷宇吉郎 雪の科学館」がある。

Column 東川町の自然を代表する大雪山

冬の夜明け、大雪山の向こう側から太陽が輝きはじめ、朝焼けが天空に広がると雪の頂が赤く染められ、ひと際美しい風景が現れる。麓に暮らす人々は、開拓の昔から大雪山から昇る朝陽に勇気づけられ、今も変わることなく幸せな朝を迎えている。

大雪山は国立公園であるだけではなく、大雪山そのものが国の特別天然記念物に指定されている。全域に美しい高山植物群落があり、そのスケールは世界一の規模と評価されている。多種類の高山植物の周りを飛び交う蝶も、ウスバキチョウ、ダイセツタカネヒカゲ、アサヒヒョウモン、カラフトルリシジミ、ヒメチャマダラセセリの５種類が天然記念物に指定され、手厚く保護されている。鳥のクマゲラも天然記念物であるほか、氷河時代の名残と言われているナキウサギも棲息し、ヒグマなどの野生動物にとっては楽園である。

神奈川県の面積に匹敵する大雪山国立公園は様々な生き物を優しく抱擁してきた連峰であり、アイヌ民族が「カムイミンタラ（神々の遊ぶ庭）」と崇めてきた聖域でもある。

厚く積もった雪は天然の布団となって、植物の芽や根を冬の厳しい凍結や烈風から守り、広大な樹林帯を育ててきた。そして春を迎えると、樹林帯の養分を含んだミネラル豊富な雪解け水が忠別川流域に広がり、町内の田畑を潤し、美味しい農産物が育つ源となってきた。主峰旭岳（標高2291m）の麓に暮らす東川の町民は、本文で記されているように、大雪山の恵みである地下水を汲み上げて飲料水にしている。豊かな自然と共に贅沢な暮らしを楽しむ、これが東川町の自慢である。

麓に広がる高山植物

生産者における「協同の力」と、大雪山のミネラル豊富な「水の力」のおかげである。

二〇一一年三月一一日に発生した東日本大震災の折、被災者などに対して安心な飲み水を安定して供給できなかったことを踏まえて、東川町は「コープさっぽろ」と「ＪＡひがしかわ」との共同出資のもと「大雪水資源保全センター」を二〇一三年一月にオープンし、伏流水をペットボトル化して「大雪旭岳源水」として販売している。地域資源を地元団体とともに活用している町も珍しいのではないだろうか。

また、「ＪＡひがしかわ」では、米と水をセットにした「雫のゆめセット」も販売し、手ごろなお土産として観光客に大変喜ばれている。そして、先に挙げたキトウシ森林公園の高原ホテルでは大雪旭岳源水でコーヒーを入れており、それが「抜群に美味しい！」と、隠れたコーヒー愛飲者のスポットになっている。

北海道 HACCP の最高ランクにある「大雪水資源保全センター」

米と水のセットが町内で販売されている

次節では、前所長の國井晃さんから、「大雪水資源保全センター」の成り立ちなどについて詳しく語ってもらうことにした。

5 大雪水資源保全センター

（國井　晃・生活協同組合コープさっぽろ）

大雪水資源保全センター設立の経緯

二〇一一年三月一一日、東北地方を襲った東日本大震災が契機となって大雪水資源保全センターは設立された。被災地で苦しむ人たちを見て、生命の基本である「水」を確保・供給する課題が浮き彫りになったことを痛感した「コープさっぽろ」の山口敏文前専務と、大雪山旭岳がつくりだす圧倒的な水質と水量を誇る「地下水」を町づくりの基本の一つとしている東川町の松岡市郎町長、そしてその水で北海道を代表する美味しい米や野菜を生み出している東川町農協の板谷重徳代表理事組合長（当時）の思いが一つとなり、水工場設立に向けたプロジェクトはスタートした。

二〇一一年四月からスタートしたプロジェクト、早速、「コープさっぽろ」の本部において工場設立に向けた検討会が毎月続けられた。参集したのは、東川町の長原淳副町長をはじめとして関係課長が二人、東川町農協からは宮崎俊章参事である。当時、筆者は窓口役であったが、みなさんの熱意と判断の速さに圧倒されていたことを覚えている。そのパワーゆえであろう、翌年の三月二六日には「大雪水資源保全センター」の社名で会社登記がなされ、六月一八日にはマスコミ関係者が集まってのプレスリリースという、驚くべき速さで計画が実行に移されていった。

その後、正式に工場設立の担当となった筆者は、東川町に移り住んで実務に専念することになった。工場設立、プラント稼動、会社運営計画と着手していったが、建築調整、行政申請、職員募集、プラント導入、工場運営に必要な資格取得や出荷先拡大に向けた営業などの面では仕事に振り回され、冷静さを失いかけたことも度々だった。その都度、東川町の大自然に助けられたように思う。

さまざまな課題をクリアし、二〇一二年八月にはじまった工場建築は翌年の一月七日に建屋引き渡しとなり、職員も総勢一五名（東川町在住一〇名・旭川市在住五名）が集結し、一月一〇日よりミネラルウォーターの生産がはじまった。職員全員が未経験で、十分なスキルがなかったこともあり、商品出荷ができるまでにさらに二か月近くを要している。その間も、実務面のサポートや、折れそうになる気持ちを支えてくれたのは、「東川町の水を全国に届けたい」という想いをもった地域の人たちであった。

当時を思い出すと一人ひとりの顔が浮かび、今でも感謝の気持ちで胸が熱くなる。筆者は、二

○一五年二月より「コープさっぽろ」に戻ることになったが、その後も工場は進化を続け、上川管内のナチュラルミネラルウォーターとしては初となる北海道ＨＡＣＣＰ[3]の最高ランクとなる「８」を取得し、対外的にも衛生管理が認知されたほか、経営的にも二〇一六年度の年間黒字が見えてきている。

大雪水資源保全センターの特徴

現在、大雪水資源保全センターは、コープさっぽろ、東川町、東川町農協、東洋実業の四社による出資で運営されている。社名には、単なるボトリング工場ではなく、大雪旭岳源水の資源そのものを地域と一体となって保全していくという意思が込められている。商品出荷二リットル当たり〇・五円を東川町に還元していることも、関係者の想いが具現化したものである。

ここでボトリングされているのは、圧倒的な水質と水量を誇る「大雪旭岳源水」である。この水を、地域の人たちは誇りに思って大切にしている。飲料水として日本で初めて地域団体商標を取得したという事実がこのことを物語っている。

「大雪旭岳源水」の素晴らしさは、四〇年以上にもわたって世界の水を研究している藤田紘一郎先生がその著書『水と体の健康学』（ソフトバンククリエイティブ、二〇一〇年）で紹介している。水の硬度はカルシウムとマグネシウムの量で決まるわけだが、その比率は「２対１」が理想とされているが、「大雪旭岳源水」はその比率にきわめて近いという。日本国内の水としては比較的高い硬度であるが、それはミネラル分が多く、しかも飲みやすいということでもある。

また、「パイパーダイヤグラム」という地化学的な水質区分の手法で検査も行った。日本の水の九〇パーセント以上がⅡ分類（重炭酸カルシウム型）に分類されているが、大雪旭岳源水はⅠ分類（非重炭酸カルシウム型）に分類されており、温泉水・鉱水および化石水に見られるタイプの水であることがこの検査で判明している。この優位性はまだ研究が必要とされているが、ほかの水と違うということだけは明らかである。

水の美味しさについては、このような科学的証明や研究がこれからも必要とされるであろう。しかし筆者は、大雪旭岳源水の美味しさは、東川町でつくられている農産物が一番物語っているように思う。水質はもちろん、一日に六六〇〇トンも湧き出す水量もそれに関係している。大雪旭岳源水は、質・量を兼ね備えた最強の水なのである。

この水を工場に直接引き込み、加熱殺菌を避けて濾過方式による無菌充填しているのが大雪水資源保全センターである。ＵＦ膜という〇・〇一マイクロメートル（μm）のフィルターを通して

（3）　製品の安全を確保するための管理手法のことで、危害を分析し（Hazard Analysis）、重要管理点（Critical Control Point）を連続的に監視していく。北海道が独自に基準を設定し、その基準を満たしている場合、申請により認証される。

安全性を担保している。当然、厳しい衛生管理が必要となるわけだが、大雪旭岳源水の美味しさをそのままボトリングすることをここでは優先している。また、コストを下げるためにペットボトルも工場内で自家成型し、最終製品までの工程を完全自動化している。

工場には一時間当たり六〇〇〇本の生産能力がある。仮に八時間稼動すると四万八〇〇〇本となり、六本入りのケースが八〇〇〇個生産できることになる。一か月（二五日間）稼動すると、二リットル換算で二〇万ケースの生産が可能となる。この生産量のうち七割が出荷できれば経営は安定する。そのためにも、今後の宣伝・営業活動が必要となろう。

しかし、このセンターにはモチベーションの高いスタッフがたくさんいる。東川町をはじめとして出資会社三社がタッグを組んで、大雪旭岳源水を全国に届けてほしい。それこそが社会貢献であり、大雪水資源保全センターの使命だと思っている。

本書の編集作業に追い込みをかけていた二〇一六年四月、「大雪旭岳源水」がベルギーの「モンドセレクション・ワールドクオリティセレクション２０１６」において最高金賞を受賞したという吉報が飛び込んできた。授賞式は五月三〇日、ハンガリーの首都ブダペストで行われる。東川の方々とともに創業にかかわった者としては光栄の至りであり、ご縁をいただいたすべての方々に、この場をお借りして御礼を申し上げたい。

6 三つの文化

先人は町の柱となる産業を農業、木工・クラフト製造業、そして観光サービス業に求め、「お米と観光、工芸の町」と表現し、素晴らしい産業文化とともに発展を持続してきており、先人の尽力と行動力に心から敬意を表します。

私たちは過去の歴史に学び、地域の豊かな文化的、自然的な資産のさらなる発掘に努め、地域資産を最大限生かした活力ある町づくりを推進することが重要であると考え、未来に向かって輝く町づくりを確実に進めます。

地方創生が大きな課題となっていますが、本町においては今までも人口減少に歯止めをかけ、町の活性化に取り組んできております。今後とも定住人口と交流人口の総和の拡大に取り組み、文化を生かした新たな町づくりへ向かって目標を定め第一歩を踏み出します。


以上の文章は、「平成二七年度行政執行方針」として私（松岡市郎）が議会において述べた冒頭の一部である。この方針のもと、「写真文化」「家具クラフト文化」「大雪山文化」という三つの文化の資料収集保存化に努め、その魅力を伝えるとともに国内外から誘客拡充、交流人口の拡大を図ることを宣言した。

大都市にはない農村らしさ、つまり「疎のある空間（適疎）」を誇りとし、先人が創造してきた文化資産を保存（アーカイブ）していくということだが、これには現在の日本において流行となっている現象がある。その筆頭とも言えるのが「ふるさと納税」による「お返し」かもしれない。情報化社会と言われて久しいが、そんな環境にありながらも日本各地の状況は知られていないことが多い。そんななか、「お返し」を通して各地方のことに興味が注がれるようになった。

また、多くの人たちが単なる観光旅行ではない「旅」を楽しむようにもなっている。つまり、各地方に残っている「文化と自然」を求めて人びとが動きはじめたわけである。本町に来ていただいた方々に対して、これらの文化遺産を見ていただく施設として、廃校となった旧東川小学校を利用することにした。町の中心部に位置しているため、鑑賞していただくのにも非常に便利である。

先に述べた「三つの文化」の活性化に基づく方針を、「平成二七年度行政執行方針」に掲げた内容を引用する形で述べておこう。

①**写真文化アーカイブ**――一九八五年、先人は未来に向かって写真の町を宣言しました。写真文化も近代的な技術の進展に伴い大きな変遷を経ており、写真文化資料等の保存に努めて

いきます。写真文化を通じて、国内外の人々との交流のWa（話、輪、和）の推進を目指します。主な事業：石澤コレクション、倉石コレクションなどのデジタル保存化と展示。各種写真集、図書の収集と保存と利活用、写真家などの育成。

②家具クラフト文化アーカイブ——本町では木工家具製造工場や工房があり、家具づくりやクラフト職人などが頑張っています。「匠」の技やデザイン力のある作品や資料の保存展示に努め、製造品の新規需要拡大を目指します。主な事業：織田コレクション(4)の分類とデジタル保存化と展示。図録の策定。デザイン家具撮影コーナーの設置。地元家具製作品の使用体験コーナー。デザイナーなどの育成。

③大雪山文化アーカイブ——本町にある住民の誇りである北海道最高峰旭岳は、人々の暮らし、産業などを支え、大切な山として存在しています。その歴史文化資料の保存に努め、大雪山を訪問する人々の拡大と情報発信を目指します。主な事業：大雪山国立公園にかかわる各種図書や写真集などの収集と保存。デジタル保存化。キトウシ森林公園自然花写真と解説。ガイド紹介と魅力案内をふまえた観光振興。

（4）織田憲嗣《のりつぐ》（東海大学名誉教授）が所蔵している椅子コレクション。北欧のものをはじめとして貴重な椅子があり、世界に誇るものとなっている。現在、旭川市に収蔵されている。第2章にて詳細を記述。

①と②については、のちの各章において詳しく説明されるので、ここでは③の「大雪山文化」について少しだけ追記させていただく。

本町では、二〇一四年より「大雪山文献書誌目録」を作成しており、これまでに歴史的な資料からコミックに至るまで、九一一冊に上る関係資料が保存記録されている。さらに、二〇一五年二月には、本町が編者となった『大雪山――神々《カムイミンタラ》の遊ぶ庭を読む』（清水敏一・西原義弘執筆、新評論）という本も著した。発売を記念して東京などでトークショーを開いたほか、各紙誌において書評などが掲載されたこともあって、かなり広範囲にわたって知られざる大雪山の文化と歴史を紹介できたと自負している。

これらの事業を可能としているのは、本町における最大の産業、つまり農業収益である。ここで述べている「三つの文化」を町外に向けて発信することで観光客を中心とした来町者の増加を図り、一時間でも、一日でも滞在時間を長くすることで地産地消を拡大していくことを目的としている。これが、私の考える「循環型経済」の全容である。

地方自治の原点は、自律すること、そして福祉の向上である。「最小の経費で最大の効果」が発揮できるよう、これまでに出会った方々とのご縁（ＥＮ）を大切にし、互いに応援（ＥＮ）しながら、まるく円（ＥＮ）が回る経済対策を共益の視点で実施し、経済の活性化を図りたい。もちろん、簡単なことではないだろう。しかし、行動を起こさなければ何事も前には進まない。役

「グローバル社会」、「循環型経済」、「キーワードは CAN」の図

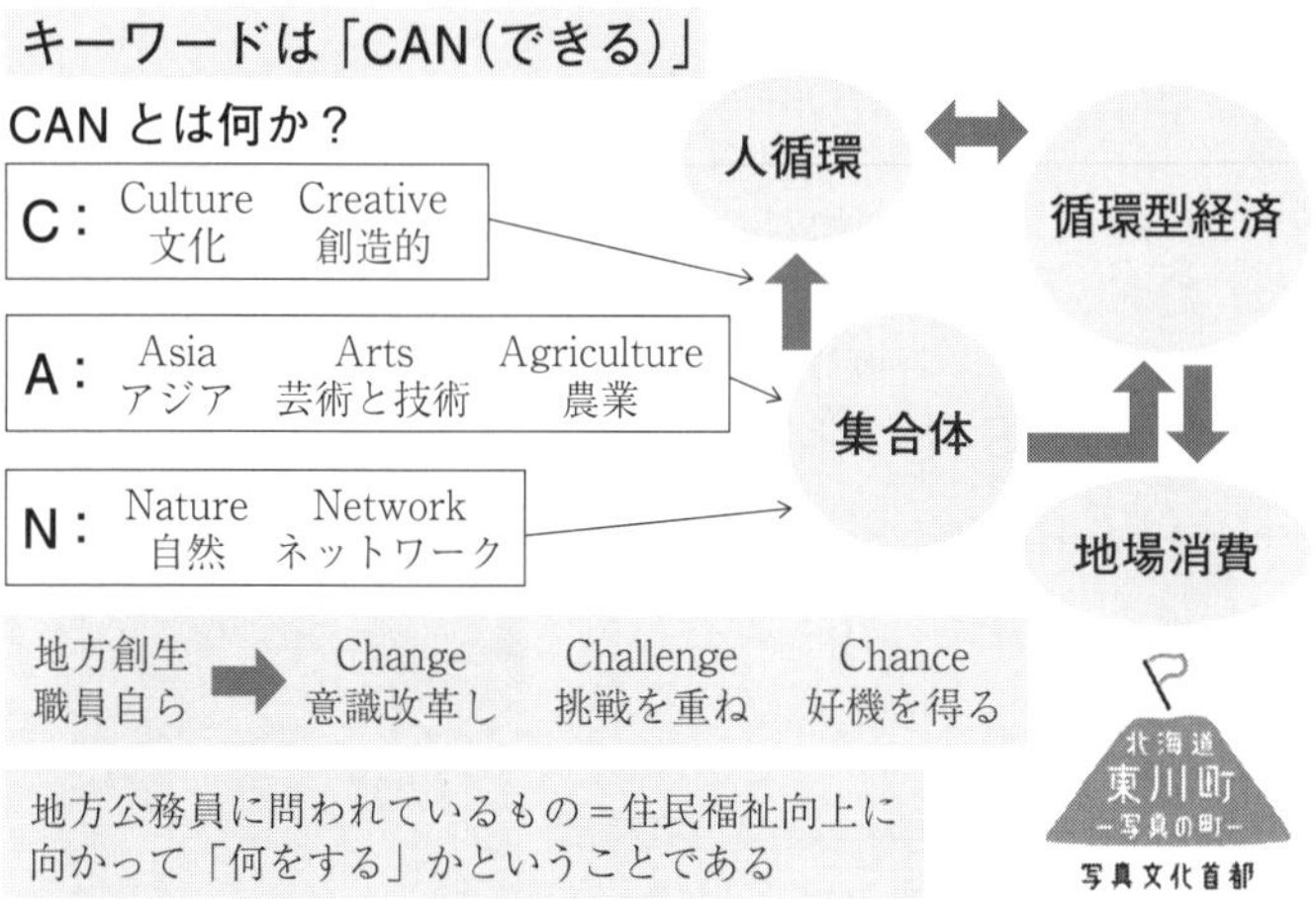

Column　旭岳山の祭り「ヌプリコロカムイノミ」

大雪山旭岳の山開きの前、登山者の安全祈願のために行っている祭り（例年6月の第3土曜日）。2016年で58回目を迎える。「川村カ子トアイヌ記念館」（旭川市北門町11丁目　TEL：0166-51-2461）の協力のもと、アイヌの儀式、舞踊などで山の神に祈ると共に、松明《たいまつ》行進やキャンプファイヤーを囲んでの踊りなど、山開きを全員で祝う参加型のイベントとなっている。

祭りでアイヌのクリムセ(弓の舞)

川村カ子ト（1893～1977）について説明しておこう。現在の旭川市永山キンクシベツに生まれ、父は上川アイヌの７代目の長であった。小学校卒業後、鉄道人夫として測量を学び、測量技手試験に合格後、北海道各地の線路工事の測量に携わった。1914年に陸軍入隊し、２年後に除隊。その後、三信鉄道（現在のＪＲ飯田線）に請われ、天竜峡～三河川合間の測量をアイヌ測量隊と共に敢行し、難工事を完成させた。とはいえ、「アイヌに使われるのはごめん」という理由で、土木作業員より殺されかけたこともあった。

三信鉄道開通後は樺太や朝鮮半島で測量に従事し、1944年に引き揚げる。戦後は、視力の衰えで仕事を離れ、川村カ子トアイヌ記念館の館長を務めた。1960年４月、三信鉄道における貢献を縁として信州に招かれている。三信鉄道敷設の話は、「合唱劇カネト」として舞台化されているほか、長野放送が「こころのレールをつないで━川村カ子トと飯田線誕生物語」として映像化している。横浜にある「放送番組センター」（横浜市中区日本大通11番地　横浜情報文化センター　TEL：045-222-2828）でこの映像を観ることができる。

場の職員をはじめとして町民のモチベーションを高めるためのキーワードとして、私は「CAN（できる）」（四一ページの図参照）を「平成二七年度行政執行方針」に含めた。

さて、本町の経済のベースになっている農業についても説明をしておかなければならない。本町では、経済産業省特許庁から、北海道の米としては第一号の地域団体商標を受けた「東川米」というブランドの米をつくっている。町における農業の歴史などについては続く節において説明をしていきたい。とはいえ、私は行政マンであり、農業従事者ではない。そこで、本書の編集を担当している吉里が、長きにわたって農業を行っており、東川町農業協同組合の樽井功代表理事組合長を取材する形で紹介させていただくことにする。

7 環境に恵まれた東川町の農業

秋、見事な黄金の海原が輝く。その光景は見事としか言いようがない。この輝きは、東川町で農業を営んでいるすべての農家によって生み出されたものである。北海道産の米として最初に地域ブランド米の認定を受けた「東川米」の収穫が間近に迫っている。

東川村の開拓は一八九五（明治二八）年であり、翌年には籾を播いての実験的な米づくりがはじまっている。二〇一五年で一二〇年目の収穫を迎えたことになるわけだが、振り返ってみると、東川町の歴史は「農業の歴史」であったとも言える。町内の田畑は約二六〇〇ヘクタール。夏はしっかり暑く、冬は雪が厚く積もる。この雪は、土にとっては格好の布団の役目を果たしている。四季がはっきりとしているうえに、自然災害といった被害が少ない。しかも、水は豊富である。汚れがない清らかな水質、おまけにミネラル分がバランスよく入った上等の水がたっぷりある。

かつては、小さな田んぼでそれぞれの農家が稲作を行っていた。町を挙げて田んぼの大型化に取り組みはじめたのは一九六三年で、一九七四（昭和四九）年に基盤整備が完了している。これは北海道で一番早い。東川町の農業には、

9月、稲刈りがはじまる

なんでも北海道一早い先取りという伝統が脈々と流れており、お米プラス野菜の複合経営で農家所得を確保してきた。

具体的な取り組みの例を紹介しよう。生産者の顔が見える安心、安全、美味しい農産物を届けるべく、生産者の顔写真シールを貼って販売してきた。そのためには、全農家が作物や品種ごとに生産工程をきっちりと管理するＧＡＰ《ギャップ》（5）に取り組むという団結力が必要となる。種まきした日付、肥料の量や施肥回数、収穫前の食味などを、農協独自の点検シートに記録していかなければならない。非常に手間のかかる農作業となるが、農家にとっては良質の作物を目指すポイントがつかめるほか、作業の手順などが統一化されることによってともにレベルアップが図れるというメリットがある。

もちろん、消費者と販売・卸業者にも安全な食品、良質なお米、野菜ということが分かりやすく伝えることが可能となる。進取の精神、一丸となる団結力があったがゆえに、二〇一二年、「東川米」は北海道の米として経済産業省特許庁の地域団体商標の第一号となった。

北海道の地域団体商標を思いつくまま挙げてみよう。夕張メロン、幌加内そば、苫小牧産ホッ

（5）　農業生産工程管理手法（Good Agricultural Practice）農業生産活動で欠かせないことについて、注意する項目をまず定めて、これに農作業を実施、記録を付け、さらにチェックし、次へ向けて改善活動に結び付ける手法。農林水産省が督励している。

ゆめぴりか　新潟で脚光

東川米デビュー

道産米としては初めて米どころの新潟で大々的な販売が1日から始まった上川管内東川町の「東川米」のゆめぴりか。客から「甘みがあっておいしい」などと高く評価する声が相次いでいる。舌の肥えた新潟の消費者を相手にすることでブランド力を高めようという戦略だ。道産米の新たなエースが全国一のブランド米の新潟コシヒカリに挑む現場を見た。（旭川報道部　太田一郎）

おいしさコシヒカリに匹敵

10日間で千袋超販売

「米どころに殴り込みだね」。1日、新潟市の地場大手スーパーチェーン・清水フードセンターの特設売り場で、湯気の立つゆめぴりかを試食した主婦がほほ笑んだ。隣県でとれた米すらめったに置かない店での道産米販売は、それほど新鮮だ。

「特A」に驚き

試食した客たちの大半が「コシヒカリと比べ、もちもちしておいしい」などと評価。市内の無職本橋繁男さん(67)は「北海道米がうまくなったとテレビのニュースで知った。確かに思ったよりおいしい」、東川米を買った主婦保苅美代子さん(57)は「新潟米以外も試したい。北海道は何でもおいしいイメージ」と話した。

販売は、東川町農協、米穀卸の旭川食糧（旭川）、清水フードセンターなどが協力して行った。5キロ当たりの価格は、ゆめぴりか2380円に対し、同じ店の新潟コシヒカリは最高級の魚沼産が3150円。同じコシヒカリで中程度の水準でも2600円。東川米は、同店で最も売れている最安値のコシヒカリと同じ価格だ。

買い物に来た40代前半の主婦は「北海道も特Aなんだ」と意外な表情を浮かべ、東川米を購入した。特Aとは、日本穀物検定協会（東京）が1989年に新設した食味の最高評価を指す。魚沼産コシヒカリが全国で唯一、23年連続で獲得し、新潟産が圧倒的に強い。道産米では初めてななつぼしが10年産で獲得。11年産ゆめぴりかとななつぼしが続いた。

新潟のスーパーに設けられた東川米の特設コーナー

清水フードセンターでは10日までに、当初予想を大幅に上回る1050袋（5キロ入り）が売れ、ゆめぴりかの新潟進出は順調に滑り出した。同社の担当者は「東日本大震災以降、東北米を中心に品薄感が出て全国的に米価格の高止まりが続き、特に新潟米は顕著」と、割安な東川米が売れる背景を説明する。また、ある流通関係者は「福島第1原発事故で本州米が広範囲で風評被害に遭う中、道産米のイメージが相対的に上がった」と声を潜めて語った。

農協職員は当初、流

北海道新聞（2012年12月12日付）

キ貝、鵡川のししゃも、十勝川西長いも、豊浦イチゴなど、いかにも北海道という美味しいものが浮かんでくる。「東川米」はその仲間入りをしたのである。生産技術の統一など生産者の並々ならぬ努力に加えて、東川米が大好きという消費者から届く応援の声、あるいは卸・販売店の支持と協力があったからこそである。

地域団体商標登録を受けたときから東川町農協は、全国ナンバーワンを誇る新潟の魚沼産コシヒカリに負けないことを実証しようと、大胆にも新潟のスーパーで販売をはじめた。そのときの鮮烈なデビューを、〈北海道新聞〉が「ゆめぴりか新潟で脚光　おいしさコシヒカリに匹敵　十日間で千袋超販売」と報道している。

売り込み先は新潟だけではない。台湾の店でも東川米は人気があり、名古屋の米卸商にいたっては、オランダや香港などに輸出するほどの勢いとなっている。ホクレンがマツコ・デラックスをＣＭに抜擢したテレビコマーシャルもヒットして、「ゆめぴりか」や「ななつぼし」といった北海道米の知名度はぐんとアップした。

樽井功代表理事組合長
（2015年10月30日にインタビュー）

しかし、樽井組合長は「さらに高品質なものをつくっていくのが生産者の使命。量より質の時代」と気を引き締めている。

米は、タンパク質の含有率が低いほど食味がよいとされている。ホクレンは、「ゆめぴりか」のタンパク質含有率七・四パーセントを基準としており、六・八パーセント以下を「低タンパク米」として味の保障をしている。東川町農協は、この含有率をさらに極限まで下げ六・五パーセント以下を高品質の「マキシマム米」とする目標を掲げ、土づくりに勤しみ、タイムリーで適量の施肥へと新たな挑戦をはじめている。

町内には陶芸家、クラフト作家など「モノづくり」に励んでいる人たちが多いわけだが、樽井組合長は「農業こそ、モノづくりを極める匠でありたい」と言う。そして、「米も野菜もま

ハウスで育てられる水稲の苗

さにモノづくりであり、芸術の鑑賞とは異なる命に直結したモノづくり」であると述べ、「俺の米は誰にも負けない」という一年に一作の職人技を追求している。

野菜についても説明しておこう。

大玉トマト、ピーマン、軟白長ネギといったものが、昔から東川町の代表的なハウス野菜である。しかし、近年は若い葉っぱのころに収穫するベビーリーフ、養液栽培のチマサンチュウなども加わり、一五品目以上が自慢の野菜として出荷されている。野菜づくりにおいても生産工程が管理徹底されているので、「ひがしかわSALADA（サラダ）」に対する消費者の評価は高い。野菜ソムリエの資格をもった農協職員がこだわりの食べ方を考えるなど、その向上心にかぎりはない。

東川町における農業の強みとして、若い担い手が多いことが挙げられる。脱サラして、実家に戻るという後継者が毎年四、五組はいる。卒業してすぐに就農した者は親や地域の人たちから農業のイロハを教わってきているが、三十代、四十代で帰って来た後継者には一《イチ》からの指導が必要となる。一人前になるには三年から四年はかかると言われている農業だが、東川町農協は農業技術指導、経営指導に腐心しており、Uターン組もこれによく応えている。

樽井組合長自身が本格的に農業を学んだのは二四歳からだった。深川市にある拓殖短期大学で二年間、本別町にある北海道農業大学稲作系専攻コースで三年間、それぞれ集中講義を受けてきた。さらに、青年部を終えてから一人旅に出て、山形、埼玉、高知、静岡などの篤農家や「苗づくりの名人」と呼ばれている方々を訪ね、それぞれの人から農業について学んできた。「目からうろこだった」と樽井組合長は振り返る。

この樽井組合長が師匠と仰ぐのが、山形県でスイカ栽培をされている門脇栄悦さんである。「種をまいてから一週間から一〇日、芽が出て、まめっ葉が出たときからいかにじっくり育てるかが肝心なこと。まめっ葉が元気なときに温度を上げすぎたり、水をかけすぎると過保護となって、上には伸びるが根の量は多くならない」と、樽井組合長に教えたという。ハウスに入って苗の葉っぱの立つ角度を確かめながら葉先を見て、根の部分を想定する。植物の生理を重視した「植物対話農法」と言われているものだ。三つ子の魂百までもではないが、苗の質いかんで作物の一生が決まるという。「農業は奥が深い」としか言いようがない。

TPPがこれからの農業に大きく関係してくる。これについて、樽井組合長は次のように話してくれた。

「日本国内だけの農業ではなく、世界の自由貿易のなかで一緒にやり抜かなければ生き残れない。米にしても野菜にしても、価格競争ではなく、安心、安全、品質で勝るオンリーワンのモノづくりに尽きる」

東川米の出荷量は年間一七万俵から一八万俵である。日本人一人当たりの米消費量が年間五五キロから五六キロとすると、東川米は約二〇万人の消費量に匹敵する。この事実に基づく樽井組合長の言葉は頼もしいものだった。

「不特定多数の消費者を相手にするのではなく、限定された人に愛される東川米という考え方に立てば、海外から入ってきても何も恐れることはない。そういう見方もできる」

　東川町農協の取り組みについては地元のマスコミでもしばしば取り上げられており、「東川の農協は馬力がある」と他の町からうらやむ声が聞こえてくる。米の検査員という資格を女性職員が取得したかと思うと、「絆づくり推進室」を新設して、地域の女性向けに文化教室を開催するなど話題に事欠かない。最近も、「ＴＰＰに負けない！　農家一〇〇人出演　東川発農業応援ビデオ」という見出しで〈北海道新聞〉（二〇一五年一〇月一九日付夕刊）に記事が大きく掲載された。

　このミュージックビデオは、放送作家である奥山コーシンさんが「東川の農業者は元気で、水も野菜もコメもおいしい。応援ソングを作りたくなった」と発案して「ひがしかわＡ～ｔｏ～Ｚ」を作詞し、歌手・みのや雅彦さんが作曲したもので

ある。この歌にあわせて、町内の農家や農協職員が俵を担いで旭岳の麓まで登り、歌って踊っての大盛り上がりする様子が映し出されている（この傑作DVDは二〇一六年三月に完成している）。

一方、新たな計画も着々と進んでいる。町内の一枚の水田面積は現在三〇アールだが、それを八倍の二・四ヘクタールに大型化してゆくというものだ。農家へのアンケートによると、現在約一八〇〇戸の米栽培農家が、一〇年後には高齢化などで一〇〇〇戸を切るという予測が出ている。そのときに備えて、さらなる大型化・集約化・機械化が必至となる。樽井組合長は、「国営で大型化する最後のチャンス」ととらえている。東川町の農業は、現状に満足することなく、飛躍を目指して新たな戦略を描き、挑戦を続けていくことになる。

頼もしい樽井組合長の言葉の数々、町長を務める私としても自慢したい。現在、政府が声高に「地方創生」を叫び、人口確保をはじめとした各地域の戦略が問われている。ここで述べたように、「北海道一」と考えられている条件のよさと大都市との違いを前面に打ち出し、農村特有の「疎」と地域資源を最大に生かしたまちづくりを推進している町、それが東川町である。以後の章において描かれている本町の施策の数々、そのどれもが興味深いものになっていると自負している。ぜひ、楽しみながら読んでいただきたい。

第2章　　担当：産業振興課

木工の町

大雪山のすそ野に広がる原生林

1 産業としての木工

木工業の歴史

一九六九（昭和四四）年、「旭川木工団地東川センター」が立ち上げられた。これは、都市への人口流出で過疎現象が起こり、その対策として公害のない企業を誘致しようという考えのもとに造られたものである。これが契機となって、昭和四十年代は木工関係の企業誘致が進み、「旭川家具」と呼ばれている工場の四割が東川町にあったと言われている。

まずは、ブランド名ともなっている「旭川家具」から説明しておこう。屯田兵《とんでんへい》の入植で開けた旭川は、第七師団が置かれてから軍都として栄えた。それにともない、商人たちも店舗や豪邸を建てることになり、洋風住宅や家具づくりの職人が入ってきた。大雪山のすそ野には原生林が広がっており、家具材に最適とされる良質のナラ材などが豊富にあった。

大正時代の初期、本州の木工業先進地に旭川から研修生が派遣され、昭和になると産業指導所が設置されて木工技術を指導するようになった。この木工指導は戦後になっても失業対策として続いていたが、これを発展的に解消して一九五五（昭和三〇）年に設立されたのが「旭川市工芸指導所」（現在の旭川市工芸センター）である。その三年後、郊外の豊岡地域に全国初めての木工集団を造成している。このころ、「旭川家具」の名が業界に定着したと言える。市はさらに技術者にレベルアップを求め、研修生を旧西ドイツなどの先進国に派遣している。

一九六三（昭和三八）年、旧西ドイツに派遣された一人が東川町出身の長原實[1]である。オランダの貿易港で北海道産のナラ材が大量にあるのを見た長原は、北海道の良質材は北海道でこそ使わなければならないと思った。

一九六八（昭和四三）年、長原は家具製造会社「インテリアセンター」（のちに「カンディハウス」と社名変更）を設立し、旭川家具のデザイン、製造、販売、発信のあらゆる面でリーダーとなって活躍し、北海道産業貢献賞を受賞した。東川町出身ということだけではなく、旭川家具を語るときに欠かせない功労者と言えるのが長原實である（本章3節も参照）。

近年の木工業の環境

工芸指導所や家具製造会社がひしめいていた「旭川木工集団」の地に宅地化が及んだこともあり、隣町である東川町の企業誘致策に基づいて移設がはじまったのが一九六九年である。家具製

（1）（一九三五〜二〇一五）創造的なモノづくりを発展させようと、私財を寄付してデザイナーのスチウレ・エングとともに「ひとづくり一本木基金」を創設した（二〇一五年四月）。公益財団法人「北海道文化財団」が奨学金援助、海外研修支援などに充てている。

作工場、木工場、関連する機械製造工場など、木工産業は関連企業が集団化することによって効率がよくなる。『東川町史』（第一巻）に記録された昭和四十年代の企業誘致数二五社のうち、木工が半数を超えており一三社に上っている。同第二巻の記録ではさらに増え、一九九二（平成四）年までの企業誘致数四〇社のうち三四社が木工関連となっており、実に八五パーセントを占めるに至っている。もちろん、これ以降も木工産業の集積は進んでいる。

町の中心部を貫く道道を走ると、一九一三（大正二）年の創業で百寿を超えた北海道屈指の総合木材会社「昭和木材」と、旭川の代表的な住宅メーカーである「カワムラ」が道路沿いに並ぶようにして存在している。「カワムラ」は、敷地内に木造二階建ての建築技能士訓練校「北海道・大工養成塾」を所有しており、全寮制の手厚い指導のもと大工を育てている。そのほか、家具製造販売会社である「プレステージジャパン」の東川工場で働く若手技術者は、

「昭和木材」（左）と「カワムラ」の全景

二〇一四（平成二六）年の技能五輪全国大会で金賞を受賞するという快挙を成し遂げている。

小さな工房も紹介しておこう。前述の会社から町の中心部に向かった西側に、「アートクラフト　バウ工房」がある。一九八八（昭和六三）年、この地に工房を構えた大門巖さんは、無垢材の家具・クラフトを芸術作品のように創作することで知られている人物である。大門さんは道立旭川職業訓練校木工科（現・道立旭川高等技術専門学院）を卒業したのち、旭川の注文家具製造会社で修業を続けた。そして一九七三（昭和四八）年、旧西ドイツのミュンヘンで開かれた第二一回技能五輪国際大会で銅賞を射止めている。

大門さんの作品には遊び心が隠されている。一見すると綿がいっぱい詰まったふかふかの座布団のように見えるが、実はこれが無垢の木からつくり上げた堅い飾り物である。また、鏡に映る四つ脚のテーブルが実は三つ脚であったりと、その仕掛けはさまざまである。東京の小田急百貨店が彼の個展「北国生まれの木の家具たち」を開いたほか、道立旭川美術館にも作品が収蔵されるなど、家具でありながら鑑賞される逸品となっている。

こんな逸話がある。ある日、農民彫刻家として東川町で著名な松田與一[2]が節の付いた堅くて奇

（2）（一九二四～二〇一二）農業を営みながら独学で木彫、彫塑、石彫、氷彫刻にコツコツと取り組み、さまざまな公共施設に大作が遺されている。東川町文化賞、北海道文化賞を受賞している。納屋を改造した『彫刻の館』（東川町西七号北二七）に作品が展示されている。

怪な材を持って大門さんの工房にやって来て、「面白い木で彫ってみたが、余ったのであんたも使ってみたらどうだ」と言う。大門さんも、朽ちて穴の空いた古木を材として使うことがあるので、遠慮なくこの奇怪な材をもらったという。木の魅力を知っていた松田には、大門の作品に共通する想いがあったのかもしれない。

　少し詳しく説明しておこう。ひこばえが無数に出た根株やこぶのある樹、捻じ曲がった樹などは言うまでもなく板材には向かない。しかし、切り口には、規則正しい年輪や柾目、板目とは違った模様が現れ、稀に審美的な天然の絵模様を見せることがある。これを「杢《もく》」とも呼んでいる。原木の一部分なので大量生産はできないが、一点ものの部材として使うと思わぬ作品に仕上がることがある。

「彫刻の館」に展示されている松田與一の作品

　大門さんの長男である和真さんも同じ道を歩んでいる。「国際家具デザインコンペティション旭川２０１４」で特別賞を受けるまでの職人となり、父子で創作を競い合うという工房に発展した。いずれにしろ、このような工房が存在することからして、東川町は木工産業でも元気がよい。とはいえ、昭和四十年代に進出してきた大型家具工場のなかには、主流だったタンスやサイドボードなど箱もの家具が売れなくなり、住宅事情の変化や家具に対する嗜好の変化に対応できず、姿を消していったというケースもある。生き残った家具工場は、顧客のニーズに対応でき、さらには自社のブランド化に成功したところと言える。

その筆頭とも言えるのが「北の住まい設計社」である。一九八三年に廃校になった第五小学校の跡施設を、そのまま工場として活用している。ここの校舎は一九二八（昭和三）年に建築された木造校舎である。木々に囲まれたこの校舎を見るだけでも、ここで製作されている作品の質が分かるというものだ。

素材のよさを感じさせる無垢材の使用と自然と人に優しい仕上げ（塗装やデザインなど）、そして高い技術力はユーザーの心を的確につかんでいる。手仕事による家具づくりからはじまり、木を熟知した職人・大工の技術力によって住宅建設にも進出しており、住まい全般を手掛ける企業に成長した。

工場に併設されたショールームや北欧雑貨のショップ、そしてベーカリー・カフェなどすべてがおしゃれな雰囲気となっており、立地的に不利と言われる山奥でも客を集めている。事実、駐車場に停まっている車のナンバーを見ると、かなり遠方から来られていることが分かる。家具製造業における多角化経営の面でも成功した企業と言えるだろう。

北の住まい設計社

「北の住まい設計社」は、旭川市にあった自宅を事務所にしていた渡邊恭延社長が、田舎暮らしや自然に囲まれた作業場を求めて一九八五（昭和六〇）年に創業した会社である。作業場となっている校舎について、「子どもたちを育んできた年老いた建物でしたが、今までの厳しい環境を乗り越えてきた凛とした佇まいに、その誇りを見た」（同社ホームページ）と、現在もなるべく昔の姿を残そうと努力している。

この「北の住まい設計社」を終点として、キトウシ森林公園から一本道が通っている。いつのころからか、誰が言うともなく「クラフト街道」と名付けられた。通り沿いに並ぶ木工クラフトの「鈴木工房」、象嵌の「相和工房」、陶芸の「理創夢《りぞーむ》工房」では工房体験もできる。また、海外からの需要も多くなっているという。

この道、天気のよい日に自転車で走るのもいいかもしれない。工房めぐりをしながらお茶を飲み、食事をして一日を過ごす。まさに、リフレッシュできるエリアである。

自転車で走りたくなるクラフト街道

クラフトの成り立ち

旭川のクラフトは、実は「旭川家具」から派生したものである。かつての家具づくりは、サイドボードの飾り棒や引き戸の丸いつまみなど、部品を下請けに外注するというのが主流であった。技術力に長けていた下請けの職人たちは、家具製作工場の好不調をまともに受け、共倒れの辛酸をなめることが往々にしてあった。

そこで旭川市木工芸指導所は、熊彫りのような伝統民芸とは異なる木製玩具の開発をすすめたところ、職人たちが「旭川木地挽物業組合」を設立し（一九七三年）、「木と手の小物展」を西武百貨店旭川店（当時）ではじめることになった。旭川のクラフトに新しい風が吹きはじめたわけである。その後、嘱託デザイナーとして秋岡芳夫(3)を招聘し、年二回開かれた講習会で指導したことも追い風となって、クラフトは見事に自立していった。

秋岡は全国各地を回って、地方産業デザインの開発から流通まで細かく指導し、一〇〇年経った木からつくられたモノは一〇〇年使おうと「モノモノ運動」を提唱した。薫陶を受けた東川のクラフト作家には、故太田久幸と「ギャラリーズビヤク」の早見賢二さんがいる。

---

(3)（一九二〇～一九九七）熊本県出身。大量生産、大量消費に疑問を投げ掛け、暮らしのためのデザインを持論にし、全国各地の手仕事を大切に育て、消費者から愛用者になろうなどと「グループモノ・モノ」を結成した。箸や茶碗は昔から指の長さに合わせた寸法に決まっているなどと、「身度尺」の大切さを伝えたことでも知られる。

早見さんは、「秋岡先生の優秀な弟子は太田さんで、素直にハイと言わなかったのが私です」と言うが、東京の目黒区美術館で二〇一一年に開催された「DOMA 秋岡芳夫展　モノへの思想と関係のデザイン展」において彼の作品「きつねロベロベー」と太田の作品「割創クマゲラ」「ふくろう」（六七ページのコラム参照）は一緒に紹介されており、図録とともに同美術館から刊行された本の中でも同じページで紹介されている。

ヤジロベーのように動く「きつねロベロベー」や羽ばたく「鳥たちの空」など、早見さんの作風からは「動」が感じられる。一方、太田の作品である「割創クラゲラ」や「かるがも親子」などは、手のひらで転がしたり、じっと見入ってしまうように「静」である。まさしく、作風は対照的と言える。

クラフト作家には二通りあると言われる。太田のように職人から創作へ進んだ人と、早見さんのように最初からデザインとモノづくりに挑む人である。太田が工房を旭川から東川に移したのは一九七五（昭和五〇）年、早見さんも旭川市西神楽のJ

早見の作品「鳥ロベロベー」

DOMA 秋岡芳夫展の図録

R富良野線近くで木工をやっていたが、「静かな森で創作したい」と思って一九八四（昭和五九）年、東川町に移住した。「母屋と納屋が使えて旭岳が見える所」を地元の人が親身になって探してくれた。そこには、マガモが遊ぶ湧水もあった。「見つけて、交渉までしてくれた方に今も感謝しています」と早見さんは言う。

この二人の移住は早いほうである。その後、クラフト作家、家具作家、家具製造工場が東川町に増え、多士済々、それぞれにオリジナル作品を生み出している。東川町の家具製造やクラフトなどの木工業は、時代とともに淘汰と進化が進んだわけだが、デザイン力と技術力の高さで業界を引っ張っている。それゆえ、東川町内での工房めぐりはとても一日や二日では済みそうにもない状態となっている。観光協会が作成した地図と各工房の一覧を参考にして、散歩がてらバラエティーに富んだ作品をぜひご覧いただきたい。

太田久幸の作品群

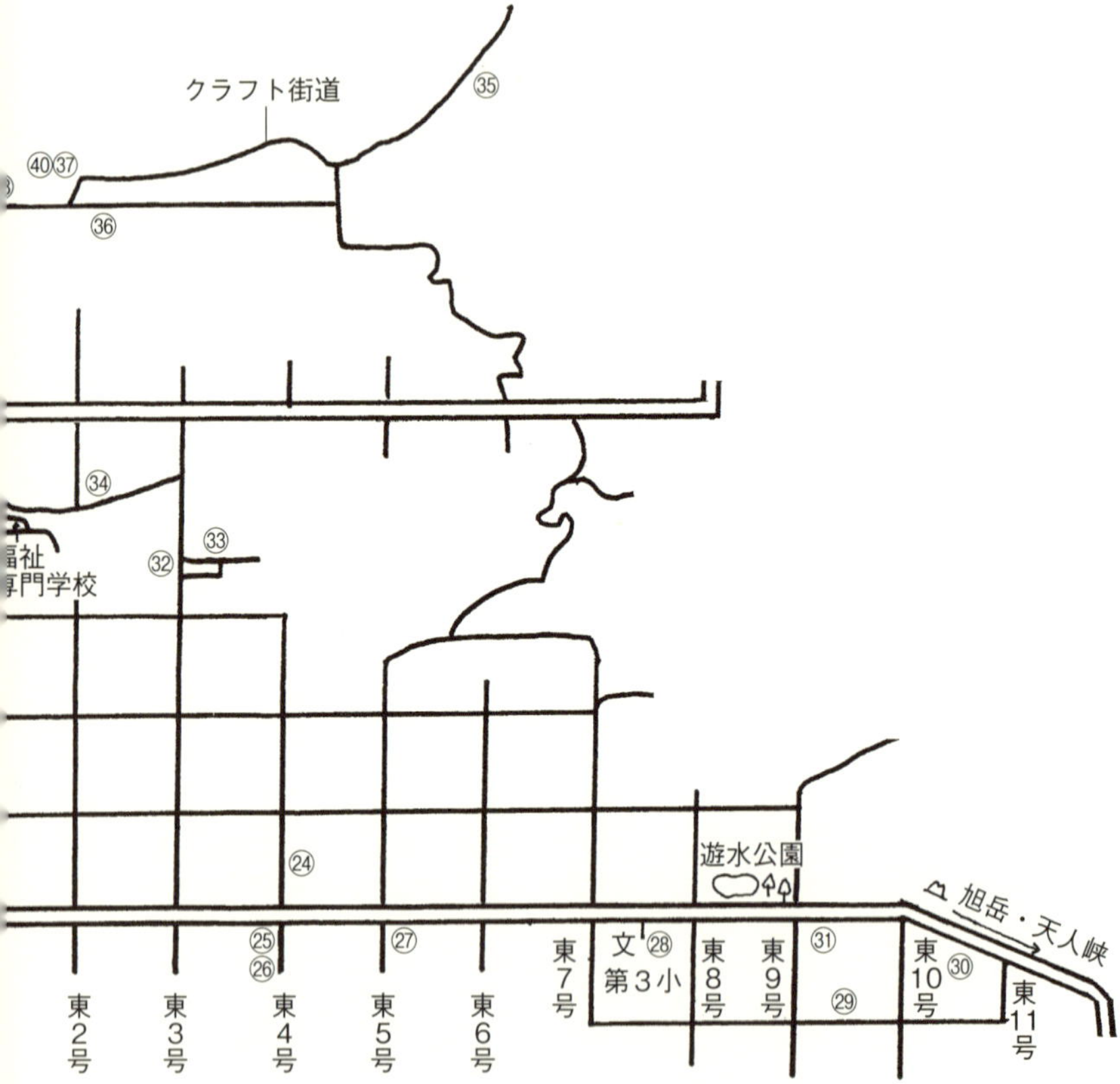

クラフト街道
㉟
㊵㊲
㊱
㉞
㉝
㉜
祉
門学校
㉔
㉕
㉖
㉗
文
㉘
第3小
遊水公園
㉛
㉙
㉚
旭岳・天人峡
東2号
東3号
東4号
東5号
東6号
東7号
東8号
東9号
東10号
東11号

ひがしかわ家具とクラフトいろいろお店マップ

（道の駅「道草館」が作成したものを一部改変。
店名および連絡先などは次ページに掲載）

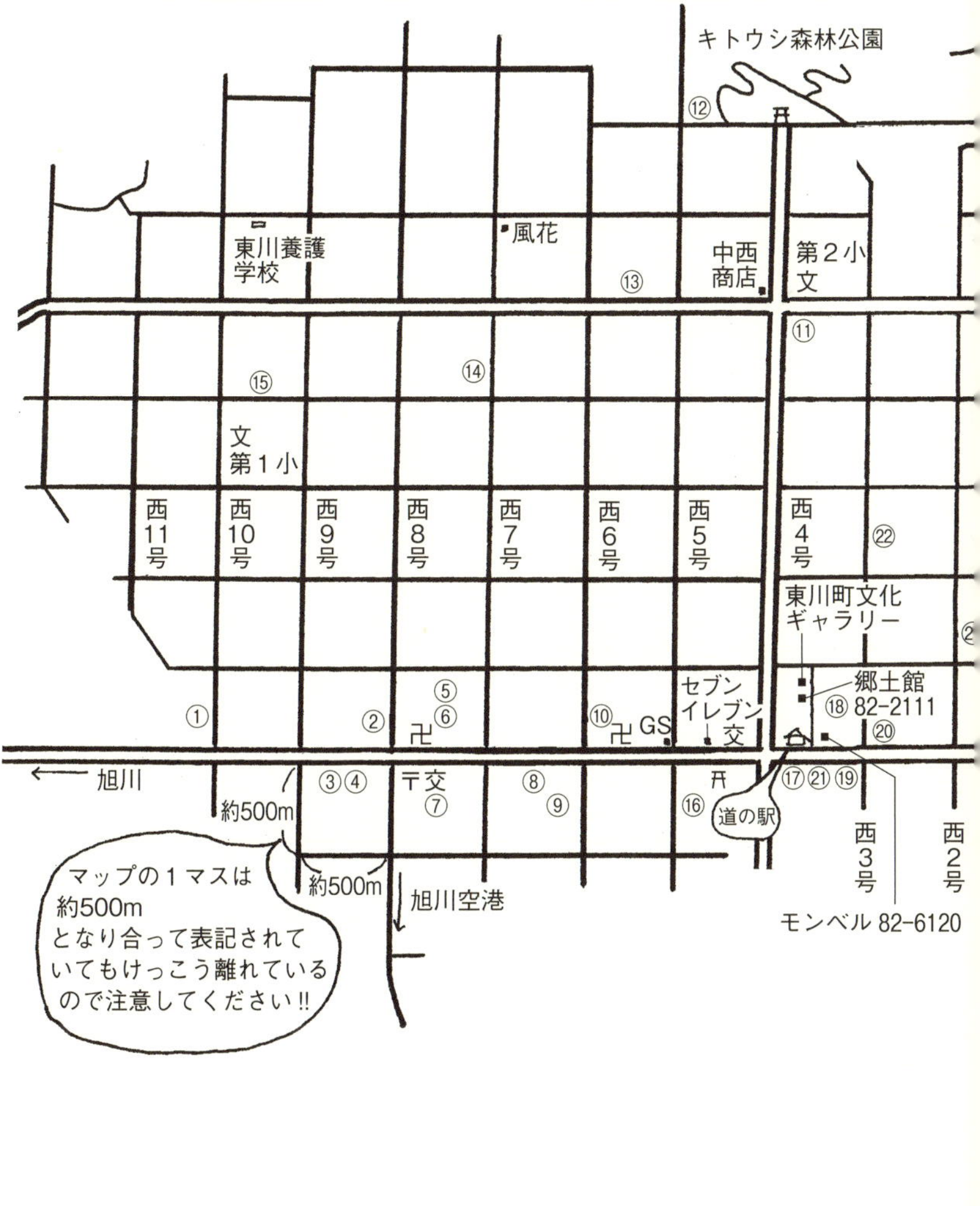

店舗名と電話番号（市街局番はすべて0166）

① 家具「アーリータイムスα」82-2400
② 家具「さいとうデザイン工房」82-7060
③ 家具・クラフト「アートクラフトBAU《バウ》工房」82-2213
④ 骨董品の展示・販売・鑑定「アンティークハウス」090-7055-9569
⑤ 家具「ウッドワーク」82-3920
⑥ 家具「インテリア　ナス」82-2585
⑦ 陶芸「陶房　春悦」82-3166
⑧ 染織・裂織「染織工房　織季《おりごよみ》」82-5422
⑨ 革製品の製作・リフォーム「菊輪《きくりん》」82-3340
⑩ 家具「大雪木工」82-2900
⑪ 雑貨「Anchor《アンカー》」82-5217
⑫ キトウシ森林公園物産センター　82-4682
⑬ 家具「木魂《こだま》」090-6691-3085
⑭ 彫刻「彫刻の館」82-3030
⑮ 家具「さくら工芸」82-2673
⑯ アンティーク雑貨・カフェ「月の恩返し」82-4685
⑰ 雑貨など「Less HIGASHIKAWA」73-6325
⑱「シルクスクリーン版画工房」82-2414
⑲ アウトドア・靴下「YAMA tune　大雪山店」74-6388
⑳ 木工クラフト「コタンクルカムイ」82-4304
㉑ 洋服のお直し、雑貨「Pavan-ti《パバンティ》」99-0073
㉒ 雑貨「ナチュラル&ハーブの店 Deco Bee《デコビー》」82-5065
㉓ 椅子「工房　宮地」82-2167
㉔ 家具他「T. MOTOI」82-2027
㉕ 洋服など「SALT ／ due」82-6660
㉖ 家具「むう工房」82-5315
㉗ 家具、クラフト「みんなの森工房」82-4030
㉘ 手芸「手芸工房　ウエカラパ」82-4491
㉙ 家具、カフェ「スタジオ K&M（ティールームトムテ）」82-6522
㉚ 写真、かご「フォトギャラリー北写人」82-4838
㉛ 木工クラフト「ふくろうの店」82-2001
㉜ 家具「アール工房」82-5338
㉝ 家具「樹の郷 AKO」82-0888
㉞ 木工クラフト「ズビヤク」82-2301
㉟ 家具、雑貨「北の住まい設計社」82-4556
㊱ 木工クラフト「鈴木工房」82-4025
㊲ 陶芸「理創夢工房」82-4386
㊳ 家具「木工　駄々」82-4588
㊴ 木工クラフト、カフェ「北の象嵌ギャラリー相和工房」68-4125
㊵ ジュエリーギャラリーカフェ「HANA」82-3859

Column　美術の教科書に載った太田久幸の木工クラフト

亡くなった後も、その愛くるしい作品を求めてファンがやって来る伝説のクラフト作家、それが太田久幸（1940～2002）である。夕張市に生まれ、中学校を卒業してすぐに木地屋に丁稚奉公に入り、29歳で独立した。旭川家具の部品下請けをしながら、3人の愛娘に端材でオモチャを作っていくうちに、ミズナラの木目を際立たせた球体のクラフトへと作風を高めていった。

工業デザイナーの秋岡芳夫と出会い、指導を受けたのが太田の転機となった。手のひらに乗る母鳥のなかに子鳥をカポッとはめた作品は、秋岡を驚かせた。太田の愛弟子であり、一部の作品を継承する「前田木地工房」（旭川市）の前田厳一さんは、「0.35ミリの差をつけた『穴』と『はめ込む物』をこしらえ、水分含有率による木の収縮を利用してはめ込むと抜けなくなる」と言う。また「(株) コサイン」（旭川市）の星幸一社長は、「家具製作であれば、コンピュータと切れ味鋭い道具を使って100分の1ミリまで精密に細工できるが、太田さんは目見当、それでいて精密に削っていく達人芸だった」と、畏敬の念は今も消えない。

太田の作品は、中学校美術の教科書（開隆堂発行、2002年「美術2・3」など）でも紹介され、教師向け「学習指導書」（同発行）に太田は、「自分の仕事（木地《きじ》・挽物《ひきもの》）が好きです。自分の持っている技術で自分らしく作りたい」と書いている。

艶光りする作品「はと」は、末娘が眠る時、小さな手に握って離さなかった逸品である。「お客様に申し訳なかったのですが、気に入った作品は売らなかったのです」と妻の末子さんが言う太田の作品、東川町の宝でもある。

「はと」

2 君の椅子

「君の椅子」プロジェクトをはじめたきっかけ

東川町は大自然に囲まれ、美味しい水、うまい空気、豊かな大地で子育てができるようにと、子育てや教育支援制度に力を入れており、新しく町民が誕生した喜びを町民全体が共有しようということを目的に「君の椅子事業」に取り組んでいる。

実はこの事業、元北海道副知事で、旭川大学大学院で客員教授をしている磯田憲一さんが、かつてゼミ学習において次のような発言を学生たちにしたことがきっかけとなっている。

「誕生する子どもを迎える喜びを分かち合える地域社会を取り戻したい」という願いを込めて、誕生した子どもに「居場所の象徴としての椅子を贈るプロ

デザイン・中村好文、製作・大門嚴

デザイン・伊藤千織、製作・宮地鎮雄

ジェクトを地域社会に提案しよう」、そして誕生した子どもに、「君の居場所はここだよ！　と、家族の愛に包まれ、健やかに育ってほしい」とメッセージを送っている。

　磯田さんは、この話を東川町の松岡市郎町長にもちかけた。話を聞いた松岡町長はいたく共鳴し、早速、町としてプロジェクトに参加することを決断した。こうして、地域の人々が生まれてくる子どもたちに地域特産の旭川家具の椅子をプレゼントするという「君の椅子事業」が誕生した。現在、このプロジェクトに参加している町は、東川町以外に剣淵《けんぶち》町、愛別《あいべつ》町、東神楽《ひがしかぐら》町、中川《なかがわ》町、長野県売木《うるぎ》村となっているが、東川町はどこよりも早く、二〇〇六年度からこの事業に取り組んでいる。

　全国的に有名な旭川家具だが、それを支える家具職人たちが「君の椅子」の製作を担っている。磯田

デザイン・小泉誠、製作・大門巖、大門和真

デザイン・前川秀樹、製作・向坊明

さんは、当初からこの取り組みの狙いの一つとして、「職人の技に敬意を払う仕組みをつくりたい」と語っていたが、スタート時から製作を担当する職人には、相応の対価が支払われており、産業としての木と家具生産を支える仕組みができあがっている。

「君の椅子」の製作は、前述したように地元の家具職人が担当しているが、デザインのほうは各界で活躍するトップランナーが協力してくれている。毎年デザインが変わり、毎年コンセプトの異なる子どものための椅子が一年一年と積み上がっていくこのプロジェクトは、世界でも初めての仕組みと言われている。

「君の椅子」の材料となっているのは、長い年月をかけて生長した森の木である。「椅子を贈られた子どもたちが、これから生きていく年月より、長い時間をかけて、大きくなってきた木」が、椅子として

デザイン・三谷龍二、製作・服部勇二

デザイン・大竹伸朗、製作・宮地鎮雄

新たな命の居場所となる。そんな命の循環の意味を、世代を超えて引き継いでいきたいという思いから、植栽事業「君の椅子の森」も実施している。

　この事業は、二〇一二年一〇月二八日に第一回を行った。郊外に広がる町有地を「君の椅子の森」と名付け、「君の椅子」を贈呈された家族の方々をはじめとして、「君の椅子倶楽部」(4)の会員が札幌や東京からも参加され、ナラ、イタヤカエデ、シラカバなどの広葉樹を植栽している。

(4)　この事業がマスコミで取り上げられたこともあり、全国各地から「個人でも参加したい」という要望が多くなり、二〇〇九年から、世代を超えて参加できる仕組みを立ち上げている。「君の椅子通信」を定期的に送るなど、交流会や植樹活動も行っている。代表：磯田憲一。事務局：〒079-8501　旭川市永山3条23丁目1－9　TEL：0166-48-3121（旭川大学事務局庶務課内）

デザイン・出光晋、製作・服部勇二

デザイン・笠原嘉人、製作・向坊明、桑原義彦

「君の椅子」をもらった人たちの感想

贈呈にあたっては、毎年、子どもが誕生した家庭を町長と副町長が訪問し、直接家族の方に手わたしている。そのとき、「君の椅子」とともにご家族との記念写真も撮っており、担当部署にて大切に保管をしている。喜びに満ちたご家族の笑顔が写っている写真を見るたびに筆者は、次の誕生はいつだろうか……と思いを馳せている。

二〇一三年一〇月六日、先に挙げた「君の椅子の森」という植樹活動の際に交流会を実施した。このとき、「君の椅子通信」に掲載することを目的として、お父さんやお母さんからメッセージをいただいているので、そのなかからいくつか紹介しておこう。

——二〇一三年三月一七日　札幌市手稲にある「北海道子ども医療・療育センター（コドモッ

デザイン・中村好文、製作・大門和真

デザイン・谷進一郎、製作・菊地聖、桑原義彦

クル)」で次女愛花《あいか》を出産しました。愛花は生まれつき心臓の中の左心房左心室がありません。そのため、キレイな血液が体に流れることが難しく二四時間の酸素が必要で四回の手術を受けました。手術を受けるたびに『死』という言葉をつきつけられてきた私達。術後はたくさんの管につながれ、胸がつまる思いでした。

外泊期間もあり、帰ってきた時は、旭川の主治医に様子を見せに行くと、必ず「お母さん、大丈夫だよ！愛ちゃんは絶対良くなる！心配はいらない！絶対大丈夫」と言ってくれました。その先生に言ってもらえたあの言葉が私を強くしてくれたのです。北海道では再手術もなく、普通に生活できているのは愛花だけだと聞きました。「北海道の星です」と主治医からもらった言葉が私は忘れられません。

今では、酸素も外れておしゃべりな三歳児に成長しました。(河野由紀恵・愛花・二〇一三年)

筆者は、このメッセージを読んで涙が込み上げてきた。三年前、プレゼントしたときのことをもちろん覚えている。お母さんに抱かれていたあの赤ちゃんが、たった三年の間に四回も大手術を受けていた。本当に、元気になってよかったな！　そして、椅子に座れるようになってよかった、と感極まってしまった。

すべてのメッセージを紹介したいところだが、紙幅の関係もあるので三人のお母さんからいただいたものを続けて紹介しよう。

子供の名前が刻印された君の椅子は、親にとっても宝物です。座面が高くてなかなかひとりで座ることができなかった椅子にも、今では上手に座れるようになり、「この椅子は僕のもの！」という思いを子供もしっかり持っています。

将来大人になった時に、「僕の町はこんな素敵な贈り物をしてくれた町なんだ」という思いはしっかり子供達の胸に残っていくんだと思います。（若松美帆子・左龍《さりゅう》・二〇一二年）

二〇一一年の八月に息子が誕生し、初めて〝君の椅子〟を頂いた。二〇一三年の八月に娘が誕生し、二つめの〝君の椅子〟を頂いた。家族が増える喜びと共に、子供たちの大切な居場所が増える感動を、椅子を見るたびに思い出す。私たち家族に暖かな気持ちを運んでくれた君の椅子。ありがとう。これからもよろしくね。（大西麻弥・莉瑚・二〇一四年）

「君の椅子」をもらってすぐの頃は大きく感じた椅子。今年五才になった長男は、食事の際、毎日迷わず「君の椅子」に座ります。今では少し小さく感じる椅子。けれど、毎日二〇キロ

ーのおしりを支えてくれる頼もしい椅子です。（大門祥子・宗真五歳、周真一歳・二〇一四年）

どのメッセージもほほえましいものである。何と言っても、担当部署としてこれ以上の喜びはない。たぶん「君の椅子」はこんな状態で置かれているのだろうな、と想像してしまう。ひょっとしたら、私たち役場の担当者に代わって、子どもたちの成長を見守ってくれているのかもしれない。

希望の「君の椅子」

二〇一一年三月一一日、東日本大震災が発生した。当然、この日に誕生した子どもたちがいる。当時「君の椅子プロジェクト」に参加していた三町（東川町、剣淵《けんぶち》町、愛別《あいべつ》町）が、岩手、宮城、福島の各県に手紙を出し、この日に誕生した子どもたちに椅子をプレゼントすることにした。その名も『希望の「君の椅子」』である。

その結果、地震発生の当日一〇四名の新たな生命が誕生していたことが分かった。「君の椅子プロジェクト」では、多くの方々の協力を得ながらプロジェクト代表の磯田さんとともに三町の各町長が同年の一二月から翌年の二月にかけて、岩手、宮城、福島の合計四一市町村を七回にわたって訪れ、お名前の判明した九八名のお子さんのご家族に椅子をプレゼントすることができた。

このときのことを振り返って磯田さんは、「君の椅子通信」（Vol4、二〇一三年）で次のように語っている。

「東北の地理に乏しい北海道生まれの私にとって、県境を越えて椅子を直接お届けする行程は、日程的にもかなりハードなものでしたが、北海道に戻ってから心残りだったことがあります。それは、お届けの折は慌ただしく、『あの日』の状況を十分にお聞きできなかったことでした。九八のご家族はあの日、私たちの想像をはるかに超える困難や不安の中にあったはずです。大切なことをお聞きしてこなかったことへの忸怩《じくじ》たる思い。その思いが次なる行動へのきっかけとなりました」

「次なる行動」とは何か。九八人の子どもたちが一歳の誕生日がすぎ、北海道に遅い春が訪れた二〇一二年五月、「君の椅子プロジェクト」はご家族のもとに手紙を差し上げた。

「あの日、どのような状況下で時を過ごし、そして新しい生命が誕生したのか。父として母として胸に去来したものは何か。その記憶を形として残し伝えていくことは、成長していく子どもたちにとっては未来への勇気となり、また私たちにとってもあの日を記憶し続けていく上で大切なことだと思います――」（前掲通信より）

この手紙に対する返事が二九のご家族から寄せられた。この大切な原稿を約八か月かけて編集し、記録文集として編纂している。できあがってきたのは二〇一三年三月四日、早速翌日から再び東北の地を訪れ、原稿を寄せてくれたご家族らに届けている。その書名は『君はどんどん大きくなって　僕はだんだん小さくなって――「あの日」生まれた君たちへ』である。磯田さんは、「君の椅子通信」で次のように文章を締めくくっている。

「印刷部数は限られたものにせざるを得なかったのは残念ですが、当事者自らが書き綴った記録は、多くの震災関係本の中でも貴重な一冊となることでしょう。（中略）子どもたちと私たちを結びつけてくれたのは、二〇〇六年以来、少しずつ築いてきた『君の椅子』の持つ共感の力でした。私たちはこれからも多くの皆さんに支えていただきながら、椅子が結ぶ輪をゆっくり少しずつ繋いでいきたいと心を新たにしています」

希望の「君の椅子」(2011年) デザイン・中尾紀行　製作・桑原義彦

この事業がもたらした変化

「君の椅子」のことはすべての住民が知っており、みんなが楽しみにしている。誰だって、我が子の誕生を祝ってもらえるのは嬉しいものである。とくに「君の椅子」には、椅子の裏にシリアルナンバー、名前、生年月日が刻印されているので、まさしく「世界に一つだけの椅子」となる。実際に座って使える期間は短いかもしれないが、子どもの成長とともに椅子が汚れ、傷ついていく過程が子どもの成長の証しとなり、思い出となっている。この「君の椅子」が欲しくて、東川町に転入してきたという家族もいる。

この事業によって、東川町に住む人々のつながりや絆が強くなったように感じている。核家族化が進むだけでなく、地域社会における無関心さを尻目に、我が東川町はコミュニティーの連携を図っている。何と言っても、行政のトップ自らが子どもの誕生を祝ってくれるということに、町民は感謝を述べると同時に、東川町に住まいしていることを誇りに感じることだろう。

この「君の椅子プロジェクト」は、先にも述べたように東川町だけの事業ではない。前掲したように六町村で実施している。これまでに一〇九七人（二〇一五年モデルまで）の子どもたちにプレゼントしてきた。

二〇一五年からは、すべての「君の椅子」に生い立ちが分かる「木のプロフィール」を付けている。北海道の無垢材を素材とすることにこだわり、二〇一四年に「君の椅子」プロジェクトが中川町および北海道大学と「木材安定供給協定」を結び、木材の生産地を地区名まで特定し、その生育地を地図で示し、製材から製作に至る工程を「木のプロフィール」として情報提供することになった。

今後、さらに「君の椅子」の輪が大きくなり、少しでも多くの自治体に参加していただければ

「君の椅子」1000脚目

東川の男児に贈呈

【東川】新生児に道産材の椅子を贈る「君の椅子」プロジェクトが生まれた上川管内東川町で、通算千脚目の椅子が9日、町内の生後3カ月の男児に贈られ、関係者が祝福した。

プロジェクトは旭川大の学生の提唱で2006年に東川町でスタート。その後、上川管内の剣淵、愛別、東神楽、中川各町に広がり、今年から道外から初めて長野県売木村《うるぎ》が参加している。これらの町村とは別に、椅子はこれまで東日本大震災の被災地などの子どもにも贈呈されている。

千脚目の椅子を贈られたのは町内の農業寺崎孝幸さん(35)と幸恵さん(32)夫妻の三男悠真《ゆうま》君。孝幸さんに抱えられて、プロジェクトの磯田憲一代表と松岡市郎町長から椅子を受け取った。

磯田代表は「10年という時間の積み重ねで、千人の命が生まれてきたことを喜びたい」とあいさつ。幸恵さんは「いろいろな人に祝ってもらえてうれしい。悠真には成長してからも椅子でたくさん学び、遊んでほしい」と喜んでいた。

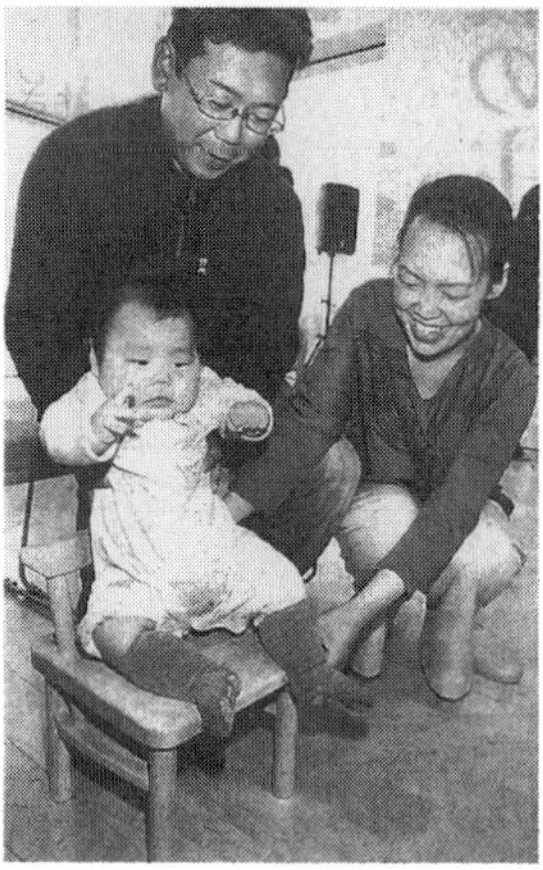

両親が見守る中、贈られた千脚目の椅子に座る寺崎悠真君

1,000脚目のセレモニーを伝える新聞記事・北海道新聞（2015年10月10日付）

と思っている。一人でも多くの子どもに「君の椅子」をプレゼントし、子どもを地域で「大切に育てる」気持ちを育んでいきたいと思っている。

筆者の勝手な希望だが、成人式のときにみんなが「君の椅子」を持ち寄り、盛大なパーティーを開きたい。その年齢に達すれば、二〇一一年三月一一日に誕生した東北のみなさんも招待できればと思っている。

3 世界の椅子

役場に隣接する「東町会館」という建物の二階に、「織田コレクション」と呼ばれている世界の椅子が展示公開されている。ただ、現在は自由に鑑賞することはできない。というのは、ここは仮の展示場であるからだ。二〇一六年九月に旧東川小学校の耐震・改装工事が終了しだい移設され、ギャラリーとして公開されることになっている。

まずは、「織田コレクション」について、『100年に一人の椅子職人』（川嶋康男編著、新評論、二〇一六年）を参照する形で説明をしておこう。この本は、高級家具の製造販売を行っている「カンディハウス（CONDEHOUSE）」の創業者であり、東川町の出身である長原實（五五ページ参照）の半生を、椅子造りに対する「こだわり」を通して描いたものである。

「織田コレクション」とは、当時グラフィックデザイナーであった織田憲嗣(5)が、私財を投じて一九世紀後半から今日までの国際的な評価をもつデザイン性の高い椅子をはじめとして、二〇世紀の名作と言われる照明器具やテーブルウェア、カトラリー、木の玩具などの美しい日用品を収集したコレクションのことである。個人のコレクションとしては世界最大で、ドイツにある「ヴィトラデザインミュージアム」に並ぶものである。しかも、現在のデザイン視点から系統立てて収集されており、格調の高い逸品ばかりとなっている（前掲書、八三ページ参照）。

このようなコレクションが本町において展示公開されることは、日本国内の家具職人やデザイナーだけでなく、世界からも羨望の的となる。「織田コレクション」を目的に、デザイナーや家具職人を目指す人々がツアーを組んで東川町にやって来るかもしれない。しかし、ここに至るまでにはちょっとした歴史があった。

かつて織田は、八四〇脚（当時の数で、現在は約一四〇〇脚に上る）ほどある椅子コレクショ

（5）（一九四六～）高知県生まれ。大阪芸術大学芸術学部デザイン科卒業。百貨店宣伝部勤務ののち、イラストレーターを経て東海大学芸術工学部教授、名誉教授となる。現在は、東川町役場スタッフとして「家具デザイン振興アドバイザー」を務めている。一九九七年、デンマーク家具工業会からデンマーク家具賞、二〇一五年、デンマークのハンス・ウェグナー賞などを受賞。

ンを関西にある倉庫などに置いて保存していた。ご存じの通り、湿度の高い関西では椅子の劣化という心配があり、織田は心を痛めていたという。

そんなある日、織田は旭川で長原と会うことになった。その席上、長原から「旭川の地に『椅子ミュージアム』を創設したいので、『織田コレクション』を旭川の地に持って来ませんか」（前掲書、八三ページ）という提案があった。それに対して織田は、「輸送費を確保し、『織田コレクション』を収蔵できるミュージアムを間違いなく造るという約束を交わしたうえで同意した」（前掲書、八四ページ）という。

ここからの長原の動きは素早かった。織田コレクションを多くの人に知ってもらい、家具業界はもとより地域の産業・文化の発展に寄与することを目的とするため、一九九一年に「織田コレクション協力会」(6)を立ち上げて、旭川までの運送費や保管費、保険料の負担を協力会でしてもらうことにした。また、「織田コレクション運営委員会」も立ち上げ、自ら委員長としてミュージアム造りの先頭にも立った（前掲書、八四ページ参照）。

家具職人である長原は、コレクション誘致に際して次のように思いの丈を語っている。

「私が家具職人を目指して、最初に作りたいと思ったのは椅子でした。椅子は彫刻に近く、形だけでなく素材も自由です。しかも、座るという機能をもった工学的な要素があり、工業生産と芸術の中間に位置していると思います。建築家や彫刻家、アーティストも椅子に対する向き方が面白いのです。なぜ『織田コレクション』を旭川に、かというと、旭川は盆地ですから、視野が狭くならないよう海外に目を開き、かかわりをもつことが必要になってきます。高校、大学の学生たちが『織田コレクション』で世界の名作椅子に触れ、椅子を通して世界に目を向けて欲しいのです。もちろん、テキストとしても最高のモデルです。将来は、しっかりとしたミュージアムを創ることが必要です」（前掲書、八六ページ）

同書には、アカデミズムの立場からのコメントも掲載されている。当時、北海道東海大学芸術工学部長を務めていた澁谷邦男さんは、「織田コレクション」の価値を次のように語っていた。

「生活道具を美術館に収蔵した例では、ニューヨーク近代美術館が有名である。市民や観光客に絶大な人気を誇る美術館の四階にはベルへリコプター、トーネットチェアをはじめ、雑誌で見覚えのある生活用品や現代建築の模型が所狭しと展示されています。そこは、現代人にとって、それらが発するメッセージによりさまざまな生活文化、技術観、時代性を知り、同時代に自分がいることを確かめる貴重な場です。ワシントン・スミソニアン航空宇宙館、農耕具や家庭用機器、輸送機器を集めたデトロイトフォード博物館でも人々は同様の感動の時を過ごしています。織田

（6）　織田コレクション協力会事務局・旭川市永山二条一〇丁目1の35（旭川家具工業協同組合内）TEL：0166-48-4135　メール：chairs@asahikawa-kagu.or.jp

コレクションはこれらと同列の価値をもっています」（前掲書、八四〜八五ページ）

　このように評価の高い「織田コレクション」であるが、ミュージアム創りにおいてはかなり難航した。そして、二〇一五年一〇月八日、長原が突然他界された（享年八〇歳）。遺された最後のメモには、行く末を心配する五つのことが書かれていたが、その一つが「織田コレクション」であった。

「これまで、意見の食い違いなどが理由で口論になったこともありますが、最後の最後まで『織田コレクション』のことを心配してくれていた長原さんには感謝しています。もちろん、家具職人として旭川家具を牽引されてきたこれまでの功績など、本当に尊敬に値する人でした」と、織田は語ってくれた。

　とはいえ、「織田コレクション」は今後どうなっていくのであろうか。旭川市役所に市長や担当職員を訪ねた織田は、自らが先頭に立って最大限の協力をするのでミュージアム創りをすすめて欲しいとたびたび懇願した。しかし、満足できるだけの回答を得ることはなかった。

　そして、二〇一四年一二月七日、かつて長原に紹介された東川町の松岡市郎町長を織田は訪ねることにした。

「写真の町として名高い東川町、文化政策の面でも非常にユニークな活動を続けているこの町であれば、自らのコレクションを保存管理していただき、展示公開もしていただけるのではないかと思ったのです」と胸の内を語る織田の最終目標は「ミュージアム設立」である。東川町がどこまでできるのか。また、それを成し遂げるためには、町民をはじめとして役場スタッフの今後の活動が問われることになるだろう。

現在、織田は、前述したように「家具デザイン振興アドバイザー」という立場で役場のスタッフとして活躍している。役場と道路一本を挟んで並び立つ東町会館二階の「デザインギャラリー」と旭川市内宮下通にあるチェアーズギャラリーの二会場で、「イタリアの名作椅子展」を二〇一五年六月から約半年間開催した。続いて「世界の美しい木の椅子展」を同じ二会場で二〇一五年一一月から半年ほど続けている。毎回、東川町での展示が七〇脚、旭川市での展示が三〇脚ずつとなっている。

東町会館デザインギャラリーに展示されている織田コレクション。織田（左）と地域おこし協力隊の岡本周

これまで旭川市で開催されている「国際家具デザインフェア」か「旭川デザインウィーク」の催しの期間しか見ることができなかった織田コレクションを、東川町と旭川市で常時鑑賞できる環境が整った。織田は、椅子について「二つの意味」があると次のように話している。

「物理的には体を支えたり、腰かける。精神的には地位を表し、チェアマンとか、組織のトップの意味で、俗に社長の座を目指すなどと使われる。昔から良い椅子、美しい椅子に座りたいと多くの人が望み、優れたデザインの椅子がデザインされ、製作されてきた」

家具デザイン振興アドバイザーとして織田は、これまでに経験したことのないハードな毎日を過ごしている。展示の企画立案、織田コレクションの細部にわたる計測とカタログづくり、月二回開催することになっている東川デザインスクールの講師招へい、東川町から発信する講座やワークショップの計画立案と、多忙である。

「日本の名工に選ばれた匠を東川に招いて、椅子張りの実演と指導を行う。東京大学で、破損した家具の修理を通じて発達障がいや精神に障がいを負った児童の教育研究に取り組んでいる教授を講師として呼んで講演をしていただく。こうした方たちの活動を広く知っていただく機会を設けたい」と、豊富な人脈を生かした企画を矢継ぎ早に打ち出している。もちろん東川町も、織田の熱意にこたえ、家具職人、建築家としての技術をもつ地域おこし協力隊の人材を織田コレクション専属で一名配置し、バックアップしている。

織田はフィンランドの小さなアーティスト村「フィスカルス（Fiskars）」を東川町に重ね合わせて、将来構想を描いている。ヘルシンキから西へ八五キロ、フィスカルスは自然が豊かで水に恵まれていたことから「製鉄の村」として栄え、ハサミの製造で世界的に知られた「FISKARS」社がかつて繁盛していたが、同社が工場をアメリカへ移設してからは廃村同然となった。村の美しさと、一九世紀に造られた歴史ある建物などに魅了されたアーティストたちが世界中から移り住むようになって、アートとデザインの村へ変貌を遂げた。

「東川町にはその可能性がある。豊かな自然のなかにデザインミュージアムを造り、人を呼び込みたい」と、織田は夢が膨らむ。

「写真の町ひがしかわ株主制度プロジェクト」のなかに二〇一六年四月から新たに「織田コレクションアーカイブス事業」が盛り込まれ、目標金額を三億円として、二〇一八（平成三〇）年三月までを募集期間としている。その狙いを、「世界の優れた家具の展示やデザインに関するワークショップを行う『デザインミュージアム』を将来建設するため、その展示の中核となる『織田コレクション』のアーカイブス化に充てられます」とうたっている。

松岡町長は「織田コレクションが散逸したりすることのないようにするために、まず織田コレクションを『公有化』していきたい。そのうえで、全国各地から人を集め、旭川家具作りの技術やデザインを東川から世界へ発信していきたい」と話している。

Column さすが木工の町——山荘を自力で建ててしまった

「79歳」と言う庄内孝治さん、とてもその年齢には見えない。現在、「東川町スキー連盟会長」と「野球連盟副会長」の重責を担っている。かつて役場で大型ダンプカーを運転して、冬は除雪、夏は砂利敷きなどの技術職を務めていた。退職後、自宅から約9km離れた大雪山の麓の山林（約4ha）を買い、造林、薪づくりなどをはじめた。元同僚らから納屋の解体を頼まれ、三軒解体したところ立派な古材が出たので山荘の建設を思い立った。

同じころ、農家から「畑の大石がじゃまなので……」と頼まれたのがきっかけで、傾斜地に石垣を積むことを思いつき、「山荘建築」から「築城」へと発展した。石垣造りに3年、家の建築にはさらに3年をかけて完成している。石積みの半地下は作業場、そこから直径1m、高さ2mの巨大な薪ストーブが家の中を突き抜けている。専門業者に頼んだのは、「屋根と電気配線と飲料水配管だけ。九割方は独りで造った」と、庄内さんは言う。

傑作なのは、沢の流れを家の中に引き入れて、ニジマスを飼う2坪ほどの池を造ったこと。産卵期（1月）に川砂を入れると産卵し、天然孵化する。お茶の間生まれのニジマスは数年で60cmにも育ち、勢いよく泳いでいる。テレビで「ニジマスがペット」と紹介されたとき、「時々、刺身にしている」と口を滑らせて、お茶の間の話題になった。

今も、庭の大木を切ってほしいと頼まれると、重機とともに参上。目もくらむ高い梢に登り、切り倒してしまうという凄腕。「後期高齢者」という言葉とは縁がない、「飛んでるおじさん」である。

山荘の外観と茶の間にある池

第3章

担当：写真の町課

写真の町

シャッターチャンスを競う写真甲子園

1 「写真の町」を宣言

東川町は、写真文化を通じて国際的な交流を目指し、世界に開かれた自然と文化の調和する活力に満ちたまちづくりを目的として、一九八五（昭和六〇）年六月一日、写真の日（コラム参照）に、世界に類のない「写真の町」を宣言した。

「なぜ、写真か？　東川町の出身で著名な写真家がいるというわけでもないのに、その理由が分からない……」という質問をよく受けるので、まずはその理由から述べておこう。

開基九〇年（一九八四年）を迎えたとき、東川町は観光資源に恵まれながらも、旭岳温泉や天人峡温泉が地理的に行き止まりであったため、観光客の行動ルートから外れていく傾向にあった。このことに危機感を抱いた地元有志が、「まちおこし」のために何をすべきかと繰り返し協議を重ねていった。

当時、多くの地方自治体で行われていたのが「一村一品運動」で、お米やトマトといった特産品で「まちおこし」をするというものである。「東川町も同じようなことをして成功するのか？」といった議論のなか、ある企画会社から「東川町には写真の被写体となる美しい景観がたくさん

Column　写真の日

長崎生まれの写真史家である梅本貞雄（1900〜1961）がメンバーの一人となっていた日本写真協会内の「写真の日制定委員会」によって、1951（昭和26）年に制定された。蘭語、理化学、特に光学に精通していた上野俊之丞という人物が、薩摩藩の蘭学者松木雲徳らの案内で海路薩摩に渡り、1841（天保12）年6月1日に藩主島津斉彬を撮影したことが根拠となっているが、現在の時点では誤りとされている。

日本に写真が渡来したのは嘉永年間とされ、最初にダゲレオタイプ（銀板写真）の撮影が成功したのは、1857（安政4）年9月17日、薩摩藩士が島津斉彬を撮影したもので、現在、鹿児島の尚古集成館に保存されている。1999年6月、写真としては初めて国の重要文化財に指定されている。しかし、一度決定した「写真の日」の変更はない。

写真の町宣言は「写真の日」にしようと、東川町で衆議一決した。

あるから、写真文化を地域振興の核にしてはどうだろうか」という提案があり、協議の末、写真という文化による「まちおこし事業」の実施を決めた。キャッチフレーズは、「全町民が参加し、後世に残し得る町づくりを」となった。

最初は一過性のイベント企画を役場は考えていたが、担当した企画会社から「局地的な観光施策でなく、町全体が強い発信力をもち、価値あるものに変革しなければ目的が達成されない」という主張があったため、東川町のオリジナルプランとして「写真の町条例」をつくり、継続性のあるものとした。「まちおこし」に写真を選んだ理由としては、以下の七つが挙げられる。

❶すぐれた自然景観に恵まれている。
❷写真は、人間のあらゆる文化や行為にかかわっていくことができる。
❸写真映りのよい住環境づくりにより、町民の個性や創造性を引き出せる。
❹写真は生涯学習に活用できるほか、コミュニケーション活動にも役立つ。
❺宣言当時の一九八四年のカメラ普及率は八六パーセントという高率で、多くの人々がかかわりをもつだけの地盤がすでにある。
❻写真には、「写真界」と「写真業界」という二つの産業があり、町の将来にとって大きな可能性が秘められている。
❼写真は若い文化であり、歴史の若い東川町（明治二八年）が取り組むにふさわしい。

それにしても、「写真」という一つのキーワードからこれだけのことをイメージされた当時の関係者には頭が下がる。高度経済成長真っ盛りの時代に、写真という「文化」に着目した東川町、その宣言文も紹介しておこう。

写真の町宣言

「自然」と「人」、「人」と「文化」、「人」と「人」

それぞれの出会いの中に感動が生まれます。
そのとき、それぞれの迫間に風のようにカメラがあるなら
人は、その出会いを永遠に手中にし
幾多の人々に感動を与え、分かちあうことができるのです。
そして、「出会い」と「写真」が結実するとき
人間を謳い、自然を讃える感動の物語がはじまり
誰もが、言葉を超越した詩人や
コミュニケーションの名手に生まれかわるのです。
東川町に住むわたくしたちは
その素晴らしい感動をかたちづくるために
四季折々に別世界を創造し
植物や動物たちが息づく
雄大な自然環境と
風光明媚な景観を未来永劫に保ち
先人たちから受け継ぎ、共に培った
美しい風土と、豊かな心をさらに育み

この恵まれた大地に、世界の人々に開かれた町
心のこもった〝写真映りのよい〟町の創造をめざします。
そして、今、ここに、世界に向け
東川町「写真の町」誕生を宣言します。
一九八五年六月一日　北海道上川郡東川町

このような宣言をすることで、町民にオリジナリティーのある町という自覚を生むと同時に、「新しい東川の自信と自慢」を提供していった。確かに、強い個性をもった自治体は有名になりえるし、それによって生ずるメリットも大きい。事実、現在のように過疎化が進む地方自治体の現状を散見すると、以下のようなコメントがよく見られる。

「町が自信や独自性をもたないと個性を失う。何の魅力もない町に住む理由がなくなり、人は生活に便利な都市を選び、若者の流出によって町は過疎化する」

「ふるさとが無名であったり、有名でもイメージが悪ければ、自らの出身地を語らなくなる。流出ばかりで流入が見込めない」

言うまでもなく、町民が自信をもち、自慢をして、町が有名になることは極めて重要である。町民の積極性とともに、流通面での優位性、観光客の増加、UターンやIターン、企業誘致など

経済面でも大きな波及効果が期待される。「地方創生」が叫ばれるはるか三〇年前に、東川町は率先してそのための政策を進めていたわけである。

とはいえ、「日本初ということは、かかわる人々、関係機関・団体の合意と協力を得られやすい」とか「日本初というストレートな話題性で、マスコミの協力を得られやすい」といったような、ほのぼのとした理由もあったという。

いずれにしろ、このユニークな「まちづくり」によって町名が高まり、人が集まり、東川町を広くアピールできるものと考えた。しかし、「写真の町」を宣言したからといって、特別な行政を行ったわけではない。宣言文にあるように、「自然や文化、そして人と人の出会いを大切にしましょう！」ということを日々の生活のなかで町民一人ひとりに意識してもらうようにしただけである。

そのせいだろうか、東川町の子どもたちは道行く人にきちんと挨拶をするし、後述する「写真甲子園」の開催時などにおける町民のみなさんによる協力もすごいものがある。筆者（吉里）が「写真甲子園」に参加し、のちにこの町に移住してきて驚いたことであるが、このような光景を見るにつけ、「写真の町」の理念が根づいているように感じてしまう。

ただ、町外へのアピールについては、さまざまな企画を催していった。以下で、それらについて詳しく説明していきたい。

「写真の町東川賞」を設定

「写真の町」を宣言したときから、その証しとして「写真の町東川賞」を毎年贈呈している。現在、この写真賞には五つの部門があり、北海道出身の写真家や、北海道にゆかりのものを撮り続けた人に贈る「特別作家賞」をはじめとして、東川町出身で、東川町役場に勤めながらアマチュア写真家として東川町を撮り続けた故飛彈野数右衛門の功績を讃え、二〇一〇年より「飛彈野数右衛門賞」などを設けている（二七ページの写真参照）。

その「趣旨」と各賞に関しては以下を参照していただきたい。なお、審査・表彰などについては、ホームページ（http://db.photo-town.jp/）をご覧になっていただきたい。

「写真の町東川賞」の趣旨

写真文化への貢献と育成、東川町民の文化意識の醸成と高揚を目的とし、これからの時代をつくる優れた写真作品（作家）に対し、昭和六〇年（一九八五年）を初年度とし、毎年、東川町より、賞、並びに賞金を贈呈するものです。

写真の町東川賞の第一の特徴は、日本ではじめて自治体によって写真作家賞が制定されたこと。第二の特徴は、日本の写真作家賞が全て〝年度〟賞であるのに対し、国内、新人作家賞については、作品発表年から三年間までを審査の対象とし、作品の再評価への対応にも

Column

飛彈野数右衛門
（1914～2008・旧東川村生まれ）

名前の由来は、父・平次郎が心酔していた不破数右衛門（赤穂義士）にあやかる。庁立永山農業学校（現・旭川農業学校）に進学して間もなく、従兄弟から贈られた国産カメラが撮影をするきっかけとなる。東川村役場に勤めてからもカメラを手放すことはなく、行事や村民らの記念写真を撮り続け、現像、焼き付けを自ら行っていた。

徴兵で戦地に赴いてもカメラは手放さず、兵士が輸送船で雑魚寝しているシーンや1938年の中国・南京の様子を写している。役場に復職後、土木工事、公共施設の建築など記録となる写真を数多く撮っている。また飛彈野は、古いカメラや昔の撮影機を分解修理して、以前より性能のよいものに改良してしまうほど機械好きであった。

村役場が1937年に16ミリ撮影機を購入したことで撮影技師となり、運動会や学芸会などの行事を撮り、「東川ニュース」に仕上げて映写会を開いた。戦後は、本格的な映画撮影に取り組み、大雪山国立公園の天人峡温泉、勇駒別温泉（現・旭岳温泉）を紹介する『山は呼ぶ』（カラー）や、1955年頃には『山の幸』という冬山造材の映画もつくっている。

飛彈野は自分の写真や映画を自慢することがなかったため、埋もれてしまうところだった。その写真に価値を見いだしたのは、「写真の町」宣言に一役買った写真家の勇崎哲史さんで、飛彈野の膨大な写真フィルム（ネガ）を整理し、町の文化的財産として保存した。一方、映像に歴史的価値があると評価したのはNHK旭川放送局の那須敦志前局長で、『懐かしの映像セミナー』を東川町で開いて町民に観せたほか、NHK アーカイブスにも保存された。

飛彈野の功績を残そうと、東川町国際写真フェスティバルの「写真の町東川賞」に「飛彈野数右衛門賞」を2010年に新設し、地域に貢献のあった写真家に贈呈している。

> 努めていること。第三の特徴は、海外の写真家を顕彰し、あまり知られていない海外の優れた写真家を日本に紹介してきたこと。また、顕彰を通じて海外の人々と出会い、交流し、平和への祈りと夢のひろがりを次の時代に託すことにあります。

各賞を受賞された方は、受賞対象作品のなかから任意にオリジナル・プリントを東川町民に寄贈していただくことになっている。その作品を「写真の町東川町文化ギャラリー」（一三二ページから参照）において永久かつ大切に保管し、機会あるごとに、東川町を訪れる人々に公開している。

現在、収蔵作品は二五六六作品（二〇一五年第三一回時）にも上っている。そのほか、写真家から寄贈された作品（約一五三〇点）や、「写真甲子園」における作品約三万七〇〇〇点（第二二回現在）など、多数の写真作品が東川町文化ギャラリーの収蔵庫で保管されている。写真の町東川賞の収蔵作品は前掲のホームページでも紹介しているので、興味のある方はご覧になっていただきたい。

【写真の町東川賞の各賞一覧】

写真の町東川賞＜海外作家賞＞	1名	賞金	100万円
写真の町東川賞＜国内作家賞＞	1名	賞金	100万円
写真の町東川賞＜新人作家賞＞	1名	賞金	50万円
写真の町東川賞＜特別作家賞＞	1名	賞金	50万円
写真の町東川賞＜飛彈野数右衛門賞＞	1名	賞金	50万円

「東川町フォトフェスタ」の開催

一九八五年より、国際的な写真フェスティバルとして「東川町フォトフェスタ」（愛称）を毎年開催している。メイン会期を七月末〜八月初旬の約一週間とし、写真にかかわる多彩なイベントをまさに分刻みで行っている。その一つとして挙げられるのが、前述した「写真の町東川賞」の授賞式である。そのほか、受賞作家の作品展、受賞作家によるフォーラムなどをはじめとして、写真家を発掘するための「ストリートギャラリー・フォトコンテスト」、「赤レンガ公開ポートフォリオオーディション」、「公開ポートフォリオレビュー」なども開催している。

ちなみに、夏に行われる「東川町フォトフェスタ」の期間以外にも、町内外の写真愛好者のための「ワークショップ東川写真塾」、「ひがしかわ大写真展」、「ピンホールカメラワークショップ」など通年で開催しているので、こちらのほうもホームページを参照していただきたい。

ストリートギャラリー・フォトコンテスト

Column 東川町フォトフェスタ

ストリートギャラリー・フォトコンテスト

北海道内の大学写真サークルや写真家を中心とした「北海道写真月間」が主催する野外ギャラリー。2015年は、関西や関東の学生、社会人、そしてベトナムなどからの参加もあった（総勢58名）。会場の文化ギャラリー周辺は、参加者の想いが込められた写真で埋め尽くされ、道行く人々の目を楽しませている。

フォトコンテストでは、優秀作品を写真の町実行委員会が表彰している。グランプリおよび準グランプリには、協賛社より一眼レフカメラなどの賞品が贈られるほか、グランプリ受賞者は、文化ギャラリーなどで個展の開催権が与えられる。

赤レンガ公開ポートフォリオオーディション

写真アーティストの才能発掘と写真文化の高揚を目的とした公開オーディション。審査員に、出品作品の制作の方向性などを語ってもらうだけでなく、参加者、レビュアー、見学者を交えた対話を通じて、作品内容や写真文化が熟成される機会を創出している。グランプリ受賞者には、副賞として写真ギャラリーでの個展開催権と図録・DM の制作をする。

- 事前審査 6月末までに審査員による事前審査を行い、1次審査にエントリーされる20名を決定。事前審査終了後、実行委員会から応募者全員に事前審査の結果を連絡。
- 審査　事前審査選考者20名が５名の審査員と１次審査を行い、５名に絞り込む。翌日の最終審査では、作品データをスクリーンに映し、審査員や一般参加者の前で合評式公開オーディションを行う。

公開ポートフォリオレビュー

多彩な出会いとチャンスが広がるレビュー企画。写真家を目指す大学生や写真愛好家を中心に、参加者が希望するレビュアーから直接アドバイスを受ける。

2 「写真甲子園」の開催

今や、日本の高校写真部の最大の目標となっている「写真甲子園」、正式名称は「全国高等学校写真選手権大会」と言い、「写真甲子園」というのは愛称である。一九九四年からはじまり、二〇一六年で二三回目を迎えるという長い歴史がある（写真甲子園公式ホームページ：http://syakou.jp/）。

大阪で生まれ育った筆者にとっては、「甲子園」と聞くと野球をイメージしてしまう。事実、高校に入学して写真部に入るまで、「写真甲子園」のことは知らなかった。しかし、知ってからというもの、「プロローグ」で書いたように必死になって写真のことを勉強し、これに出場することが大きな目標となった。そのうえ、大学への進学に際しても写真学科を選び、卒業後、役場の「写真の町課」の一人として働いている。筆者の人生を決めたと言っても過言ではない「写真甲子園」、その全貌を紹介していこう。

毎年、五月に初戦審査が行われる。これは、全国を一一ブロック（北海道、東北、北関東、南関東、東京、北陸信越、東海、近畿、中国、四国、九州・沖縄）に分けて、各ブロックから代表校を選出し、合計一八校を決めるというものである（二〇一五年からは、ブロック別の公開審査となっている）。出場を決められた高校に対しては、監督一名、選手三名分の交通費や宿泊費などを町が負担し、すべて招待する形になっている。ちなみに、二〇一四年は、オープン参加としてタイと台湾からも一校ずつ招待し、大会を盛り上げていただいた。

この「写真甲子園」は、写真の町を宣言して一〇年を迎えた際に、新たな取り組みとして発案されたものである。全国の高校写真部・サークルに新しい活動の場を提供するとともに、選手同士の交流を目的として一九九四（平成六）年から毎年七月下旬から八月上旬に開催している。当初の初戦応募校数は一六三校であったが、現在では五〇〇校を超えるほどにまでなっている。

また、北海道新聞をはじめとしてメディアでの報道も大きくなってきた。とくに、北海道文化放送は、開催翌月の九月にドキュメンタリー映像として一時間番組を組んでいただき、BS放送において全国に配信もしてくれている（二〇〇五年は未放映）。本書の出版元である新評論の編集者は、この映像を見て「本書の企画をした」と言っていた。

まずは「写真甲子園」の概要を紹介しておこう。

- 一九九四年に東川町開拓一〇〇年、写真の町一〇年を記念して、全国の高校写真部・サークルに新しい活動の場の提供と選手同士の交流を目的として実施した。
- 募集にあたっては、全国の約五〇〇〇校の高校や養護学校に対して応募要項を発送し、四〜八枚の組写真を応募してもらって出場校を決める。

・予選にあたる「初戦」については、全国を一二ブロックに分けて、各ブロックから一校の枠があるほかは、ドント方式で本戦出場校を決定する。出場校枠は当初の一二校より増加しており、二〇〇九年の第一六回大会からは一八校となっている。

・本戦出場校は、選手三名・監督一名を一チームとし、美瑛町・上富良野町・東神楽町・旭川市を含めた一市四町を撮影ステージとして本戦大会を行う。

・本戦は四日間の大会となっており、最終日に優勝をはじめとした各賞を決定する。

参加選手・監督は、町内のロッジに宿

東川舞台にいざ

写真甲子園　きょう開幕

【東川】上川管内東川町などを舞台に繰り広げられる第21回全国高校写真選手権大会「写真甲子園2014」が5日、開幕する。ともに本戦初出場となる江別と名寄産業の道内勢2校を含む全国18校の生徒が、写真の撮影技術や表現力などで腕前を競い合う。

東川町や北海道新聞社などでつくる実行委の主催。521校（道内は45校）の応募があり、6月に東京で行われた初戦審査会で全国8ブロックごとに選ばれた。今回はタイと台湾からの各1校が、順位のつかないオープン参加で出場する。

出場選手は4日に東川町に到着。5日に開会式があり、6～8日に東川町や近郊で撮影を行う。作品は写真家の立木義浩さんらが公開審査し、8日夜に優勝校が発表される。

雨の中、宿泊棟へと向かう写真甲子園の出場選手たち＝4日、上川管内東川町（野沢俊介撮影）

北海道新聞（2014年8月5日付）

泊もしくは町民宅にホームステイをして、大会期間中過ごすことになる。毎日の食事は、婦人団体のボランティアによる炊き出しにおいてまかなわれており、数多くの町民がボランティアとして参加する大会になっている。

過去に、授賞式の司会を務められたほか、ドキュメンタリー映像のナレーションも担当された水野悠希さんから寄稿していただいたので、まずはそれを紹介しておこう。

出会いを生む写真甲子園

（水野《みずの》悠希《ゆき》）

胸に熱いものが込み上げてくる。ハラハラしながら姉のような気持ちで見守る。

私のふるさとでもある東川町で行われる写真甲子園。北海道文化放送制作で、BSフジでも全国放送されていた『写真甲子園特別番組』に2005年から2013年までの9年間、アナウンサーとして毎年かかわってきた。ナレーションを担当してきたほか、フジテレビの『とくダネ！』でおなじみの小倉智昭さんと東川町を訪れ、番組を収録したこともあった。また、表彰式の司会を担当した年もあった。私にとってはライフワークであり、大切なことを思い出させてくれる時間であった。

初めて訪れた北海道での写真撮影。慣れない環境のなかで悪戦苦闘する高校生カメラマンたち。思うような一枚が撮れず、募るイライラ……。時には、仲間とぶつかってしまうこともある。大会期間中の４日間は、どっぷりと写真に浸れる幸せな時間であるが、最高の一枚を目指して悩み、もがき、苦しむ時間でもある。プレッシャーに押しつぶされそうな高校生の様子を見たときには「大丈夫、がんばれるよ……」と語りかけながらナレーションを読み進めていた。

特に印象に残っている出来事がある。２年連続で出場したチームが、前年に撮影をした農家のおばあさんに改めて会いに行ったときのことである。しかし、そのおばあさんは亡くなっていた。最高の笑顔を撮らせてくれたおばあさん。ご家族はその写真を大事にとっていて「今年も訪ねて来てくれてありがとう！」と声をかけていた。写真甲子園では、〝かけがえのない出会い〟が生まれている。

大会期間中、高校生カメラマンたちは町の人たちとの出会いを通して、自らの手で答えを見つけ出して成長してい

水野悠希。生島企画室所属フリーアナウンサー・東川町観光大使（東川町育ち）。12年勤めた北海道文化放送（UHB）では、『写真甲子園特別番組』のほか、長寿番組『のりゆきの　トークDE北海道』や『U型テレビ』などを担当し、北海道のお茶の間で広く親しまれてきた。2015年、生島企画室の所属となり、東京、北海道で活動中。TBS『はやドキ！』ナレーション、BS-TBS『満足！トレンドナビ』出演、個人向け国債CM出演など。（左から２人目）

く。その姿をまぶしく感じ、一緒に涙し、ひたむきにがんばることの大切さを毎年、思い起こしていた。高校生カメラマンはもちろん、かかわった大人の心も揺り動かす写真甲子園、これからも続けていってほしいと願うばかりである。

3 ライブ写真甲子園

二〇一五年八月四日、午後三時から写真甲子園の開会式がはじまった。場所は、東川町農村環境改善センターである。一一ブロックに分かれた各予選に応募した今年の高校数は五一四校、三年連続で五〇〇校を超えている。その予選を勝ち抜き、この日、東川町に集ったのは一八校、総勢七二名（監督を含む）である。

各校の選手三人ずつが、幼児センターの園児「エスコートキッズ」（一七四ページ参照）と手をつないで入場してくる。どの顔も、緊張しているのか表情が硬い。ステージに上がり、学校名と名前が紹介されたあとに園児とともに記念写真を撮影するのだが、そのつくり笑いが何とも高校生らしい。かつて、筆者もこのような表情をしていたのかと思うと、ちょっと恥ずかしい。

全選手の紹介が終わったあと、実行委員会会長である松岡市郎町長が「みなさんの学校には素晴らしいカラーがあります。審査委員の方々が驚くようなカラーや個性を発表してください」とエールを送ったあと、六人の審査委員が紹介された。その代表として、立木義浩審査委員長から次のようなエールが送られた。

「同じスタートラインに立った今だけが、幸せな気分を味わえます。実力の差が出てくる明日からは変わってきます。臨戦態勢に入ってください。みなさんのために『過酷な天気』を用意させていただきました。それを乗り越えて、戦いの果てに笑顔になれるように祈っています」

選手を代表して選手宣誓をしたのは、東北ブロック代表・宮城県白石工業高校の菊地麻里さん。

「自然あふれる壮大な大地や東川町の人々との触れあいを心から感じ、楽しむことを一番に、心が躍る発見と新しい自分を見つけ、それぞれの個性が輝く、悔いのない作品をつくりあげます」と、高らかに宣言したあと、退場の際には手づくりのブーケが選手全員にわたされた。このあたりになると、

東川町に到着した選手たち

各選手の顔も和やかなものになっている。審査委員長が言う「臨戦態勢」にはまだなっていないようだ。

前日に東川町に入った選手たちは、大会期間中、キトウシ森林公園にある宿泊棟（ケビン）に宿泊することになっている。しかし、開会式の夜だけは、町内のホストファミリーの家にホームステイをすることになっている。ホストファミリーとの対面式が終わったあと、全員そろっての歓迎夕食会に出るため会場へと移動した。この夕食会は、町民ボランティアによるもので、メニューは地元の食材を中心としたバーベキューやジンギスカンである。

毎年のことながら、町民の協力があってこそ写真甲子園が開催できると、うれしく思っている。事実、写真甲子園ではホストファミリーを被写体にすることが多い。そんな事情をふまえると、立木審査委員長が最後に言った「町の人たちと絆をつくるように」という言葉を、選手たちはどのように感じたのであろうかと気になる。

いよいよ明日から三日間、「撮影」という戦いがはじまる。今年の一日目のテーマは「出合い」、二日目は「風景」、そして最終日は「ぬくもり」となっている。

八月五日水曜日、午前八時、全員がバスに乗って初日の「撮影ステージ１」となる東神楽町に移動した。八時半からメディアを回収する一〇時半まで、各高校の選手たちが平野部や山間部へと走り、農家や木工所での作業風景などを撮影しはじめた。そして、「撮影ステージ２」は旭川市である。一一時半から二時間、旭川駅の前に伸びる「買物公園」などでの撮影となった。

さすがに本戦に出場してくる高校生である。最初は尻込みしていた選手たちも、すぐに被写体となる人たちに声をかけはじめ、にこやかな表情を導き出してくる。そのコミュニケーション能力、なかなかのものである。と同時に、撮影エリアに集う人たちが写真甲子園という大会を認知していることもあって、撮影に協力的であると感じる。

二日目の「撮影ステージ３」は上富良野町。午前七時半にバスで出発し、八時四〇分から二時間の撮影となる。そして「撮影ステージ４」は、場所を美瑛町に変えての撮影となる。この日は小雨のなかでの撮影となったため、みんなカッパを着たり脱いだりと、なかなか集中できないようであった。

「何を撮るのか決めないと……」という監督のアドバイスに、「あまりにも広大すぎて、何を撮ったらいいのか分かりません」と返す選手の言葉が耳に入った。初めて見る北海道の風景、どうやら想像以上の広さであったようだ。目の前に広がっているのは山の麓まで続く麦の穂、その向こうには山の稜線しか見えない。確かに、テーマとなっている「風景」という一言では表せない光景である。

最終日となる「撮影ステージ５」は東川町内となる。この日は、午前六時半に携帯食を配布するということ以外、スタート時間などは決められていない。すでに、五時半から密着取材をしていた選手らがいた。そのターゲットは「東川町のマドンナ」と呼ばれる「宮崎とうふ店」の店主を務める女性である。毎回、提出される作品に登場するこの女性を、立木審査委員長がこのように命名した。

確かに、とうふ屋さんの朝は早い。それにしても、五時半から取材をはじめている選手たちのバイタリティーもすごい。たぶん、自宅ではお母さんの大声でようやく目覚めるという毎日を送っているであろう高校生が、自らの判断で明け方から動き出しているのだ。

「宮崎とうふ店」にかぎらず、この日の東川町は普段とは違って早朝からにぎやかな様相を呈する。というのも、撮影のできる時間が、メディアの回収される午前九時半までとなっているからだ。各日とも、回収時間に遅れると作品として提出することができない。それだけに、選手たちは走り回ることになる。五〇人を超える高校生たちが動き回る東川町の朝、二〇年以上にわたってこの町の風物詩となっている。

農村環境改善センターの前に設置された現地本部に、続々と選手たちが帰ってきた。早起きをしたせいか疲れた表情がうかがえるが、どの顔にも達成感が見える。しかし、これで大会が終わったわけではな

何を撮ったらいいのか

協力的なみなさん

い。午後には、提出する作品八枚を選ぶセレクト会議が待っている。

とはいえ、撮影終了という一区切り、メディアを回収したあと、選手全員が一緒にジャンプをしての記念撮影となった。この記念撮影は毎回行っているのだが、初出場の選手からは「どうしてジャンプなの?」という声がもれていた。

選手に続いて監督たちの記念撮影もある。練習と称して何回もジャンプをさせられた監督たちからは「大人いじめだ」という悲鳴が上がっている。そのすぐ横では、選手たちの発する笑い声が周りに響きわたっていた。ひょっとしたら、もっとも安堵感を感じているのは各高校の監督、つまり先生たちかもしれない。

写真甲子園は、八枚で構成された組み写真を一つの作品として提出することになっている。三日間を通して一つの作品を提出するのではなく、各日ともテーマに沿った組み写真を提出しなければならない。そして毎日、夕方から公開審査会

真剣な表情でセレクト会議にのぞむ

が開かれる。チームごとにステージに上がり、作品名を発表するとともにプレゼンテーションを六人の審査委員に対して行う。その後ろには、セレクトした八枚の写真がスクリーンに映し出されている。

初日の公開審査会、各選手の表情は入場行進のときよりもはるかに緊張したものとなっている。それも仕方がない。会場にはホストファミリーをはじめとして多くの町民が来ているうえに、目の前には立木審査委員長をはじめとしたプロの写真家が並んでいるのだ。そして、提出した作品について講評が論じられるのだから、高校生でなくとも緊張する一瞬となる。

筆者の気のせいだろうか、毎年この場にいるのだが、初日の審査委員のコメントは何となくやさしく感じられる。緊張している高校生を前にして、審査委員たちも多少遠慮をしているのかもしれない。しかし、翌日以後のコメントを聞いていると、この六人の審査委員が決してやさしいだけの写真家

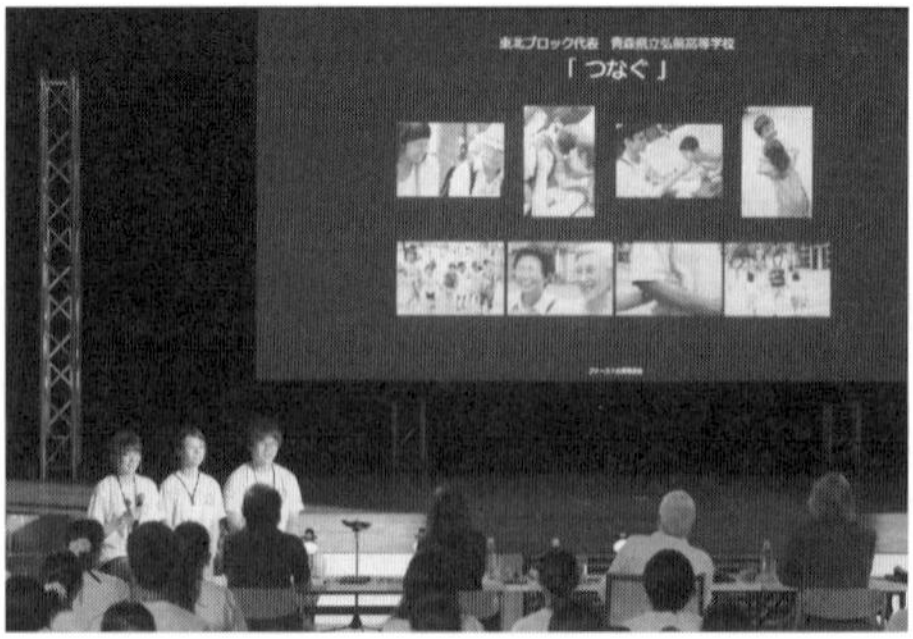

公開審査の様子

でないということが分かってくる。

前日とは打って変わったように、アングルや色味などの細かい部分を指摘したかと思うと、選手に対して厳しい質問を浴びせかけてくる。「どういう意図なの？」「なぜ、このようなタイトルを付けたのか？」と、言葉のトーンが明らかにきつい。「油断していると明日はバタバタと崩れる。これ以上のものを明日は見せてください」と言う立木審査委員長の言葉を聞く選手たちの顔は、どれも神妙なものであった。

言うまでもなく、最終日の公開審査会はもっと辛口なものになった。そういえば、かつて審査委員の講評を聞いて泣き出してしまった選手もいた。高校生相手にそこまで言わなくても……とも思うが、プロの写真家が手を抜くことなく各作品を批評していくその光景を見ていると、毎年のことながら羨ましくなる。もちろん、筆者自身も一度経験しているのだが、そのときにはこんな気持ちになるだけの余裕がなかった。

表彰式は午後六時半からはじまる。第二二回全国高等学校写真選手権大会の優勝校、準優勝校が発表される前に、「町民が選ぶ特別賞」「選手が選ぶ特別賞」「キヤノンスピリット賞」のほか、各自治体（一市四町）から優秀賞が発表される。選手のみんなが期待に胸を躍らせている。いつ、自分の高校が呼ばれるのか……と。

各賞が発表されていった。自分の高校の名前がアナウンスされ、壇上に登っていく選手の顔は晴れがましい。賞状とともに副賞を手にする選手たち、その顔は安堵感とともに喜びに満ちた表情となっている。いよいよ準優勝校の発表となった。今年の準優勝は「香川県立坂出商業高等学校」であった。六年ぶり二回目の出場で準優勝とは、見事の一言である。

残るは、一八校の頂点に立つファイナルリストの発表だ。プレゼンターの立木審査委員長がステージに上がり、ファンファーレが鳴り響いたあと、会場は一瞬静寂に包まれた。「優勝は沖縄県立浦添工業高等学校です。おめでとうございます」という発表と同時に、同校の選手たちが満面の笑みを浮かべてステージに上がった。

沖縄県立浦添工業高等学校は四年連続五回目の出場であるが、この三年間は成績を下げていたこともあり、今回は背水の陣で臨んだ。一日に六〇〇枚、少ない日でも二〇〇枚以上を撮影し、「首からカメラ」という姿が当たり前になったという。ステージ上で優勝旗を受け取るときも、自然にシャッターを切っていた。

キャプテンの宮平愛美さんが、「自分たちの実力で優勝できたことがうれしい！ 卒業後は、カメラに携わる仕事に就きたい」と、喜びを表すとともに将来の夢を語ってくれた。一方、立木審査委員長の最後の講評は次のようなものだった。

「みなさん、おめでとうございます。順位は付きますが、ここにいるみなさんは、もう賞をもらったも同然です。一番の宝物は、友人やお世話になった人々の面影です。いろいろなものが心に残っていると思いますが、これらはお金で買うことができません。キヤノンのカメラは素晴らしいですが、お金で買えます。ですから、みなさんは、お金で買えるものとお金で買えないものを同時に手に入れて帰れるという運のいい人たちです。

　何年か前から、どう表現していいか分からない写真が少しずつこの写真甲子園に現れてきています。普遍的な評価はされていませんが、新しい写真の種類が芽生えていることを感じています。

　我々審査員が一生懸命審査した作品と、選手のみなさんが審査した作品が同じく高得点を得るようになってきました。また、町民のみなさんもどんどん目が肥えてきて、審査委員と同じ作品を一位に推すという状況になっています。町民が審査委員になるという時代がすぐそこまで来ています。一日も早く、審査委員の席に町民が座れるよう願っています」

立木審査委員長が優勝旗を授与

最後の言葉、一人の町民として忘れることができない。写真の町を宣言して三一年、写真甲子園を開催しはじめて二二年、この間、ボランティアも含めて多くの町民が「写真」にかかわってきた。その成果が現れはじめていることをプロの写真家が認めてくれた。優勝をはじめとして各賞を受賞した選手たちよりも、その喜びは大きい。

表彰式のあと、会場のロビーは選手、監督、ホストファミリーらであふれかえった。受賞を逃した選手が涙を浮かべている。その横では、受賞した選手たちが泣きながら喜びを分かち合っていた。続いて行われた選手交流会、ここにはボランティアスタッフも参加する。すぐさま歓声が上がり、写真がつないだ友情の輪がどんどん広がっていく。いかにも高校生という弾け方がすごい。そこには、もう涙はなかった。

「写真漬けの三日間、生徒たちは人として確実に成長しました」と述べた松戸南高校の伊東央二先生の言葉が印象的であった。選手たちは、写真甲子園での経験を糧に、次なる人生のステージに向けて走り出した。

毎年、審査委員長を務めていただいている立木義浩氏から、本書を刊行するにあたってコメントをいただいたので紹介させていただきたい。

審査委員長が見た写真甲子園

立木義浩

二〇一四年春、『写真甲子園──二〇年の軌跡』（北海道新聞社）という書籍が出版された。歴代応募写真三万点から六〇〇〇点を収録した希有な写真集である。しかも、撮影者が高校生のみという、未来を見据えた大会が一九九四年にはじまって現在まで続いている。

「甲子園」という名称を使った冠大会やイベントが、各地域で盛んに行われている。しかし、この「写甲」（高校生はこう呼ぶ）に関しては、本戦出場が決まるとフルアテンドなのが出場校にとってはことのほか嬉しいようである。裏返せば、それを実現するために大雪山の麓にある東川町民の方々をはじめとして、隣町の美瑛町、上富良野町などの協力を得るまでの大騒動が目に浮かんでくる。

一九九三年の暮れ、「写甲」をサポートしているキヤノンの担当者から、「来年は東京の蒸し暑い夏を逃れて、カラッとした北海道へ行きましょう！」と、まるで物見遊山に出掛けるような話が舞い込んだが、それから「写甲」の審査委員長に変身するまでに時間はかからなかった。男の甘言にのったことを後悔し、反省する間もなく東京での初戦審査を終えて夏の本戦となり、降りた所が旭川空港。

一九九四年の第一回大会の初戦応募校は一六三校。第一一回大会までは銀塩フィルムの時代で、各人が故郷で撮った「青春」はモノクロが大半で、フィニッシュ・ワークである暗室作業の巧拙があからさまであった。しかし本選では、同じ土俵で闘えるようにポジフィルムを使用することになっている。スタートラインが平等になり、問われるのは「眼差し」となった。

　そして、アナログからデジタルに移行した二〇〇五年は、パソコンなくしてははじまらない「写真甲子園」となり、出場者をはじめとして審査員までがモニターとにらめっこするという風景が展開された。

立木義浩さん

　そんな歴史を経て迎えた「第二〇回写真甲子園」は、なんと五二二校の応募を数えるに至った。この間に東日本大震災があったことは言うまでもない。津波で撮影機材が消失した高校を調査し、東北の七校に東川町とキヤノンの協力で各写真部に関係機材を届けることもできた。その上で、「がんばれ東北枠」として二校を追加し、本戦出場が二〇校となった。もちろんその背景には、「3・11」で被災した方々が世界に示された「我慢」や「忍耐」、そして「礼節」

といった諸行動に心を動かされたからである。

写真を通して、高校生が実り多い人生を歩んで欲しいと思っているが、君達や「写甲」の前途が多難であることも祈っている。何故なら、多難であればあるほど「実り」は大きいものになるからだ。


この写真甲子園の映画化が、二〇一五年一〇月に決まった。監督を務めるのは、『ぼくらの七日間戦争』（角川春樹事務所製作、宮沢りえ主演、一九八八年）などで知られる札幌出身の菅原浩志さんである。この年の第二二回大会を視察され、高校生の熱意に感動したことが理由で映画化を決意されたという。

一〇月二六日に再び東川町を訪れた菅原監督は、「脚本づくりのために過去の出場者に取材をはじめた」と松岡市郎町長に報告をされた。ちなみにタイトルは、『写真甲子園』（仮称）となっている。このニュースが北海道新聞（二〇一五年一〇月二七日付・朝刊）でも報道されたこともあり、町外から寄せられる関心も大きくなっている。

筆者が所属している「写真の町課」のスタッフは言うまでもないが、すべての町民がこの映画が公開されることを楽しみにしている。それだけ、この写真甲子園には多くの町民の方々がかかわってきたということである。そんな声を代表して、松岡町長は次のように言っていた。

「写真甲子園は、全国の高校写真部・サークルに新しい活動の場や目標、出会い、交流の機会を提供し、高校生らしい創造性や感受性の育成と活動の向上をもって学校生活の充実と特別活動の振興に寄与することを目的として生まれました。大会における入り口は競争ですが、出口には感動が待っています。勝ち抜く合言葉は『努力＋友情＝勝利』、文化系であっても『甲子園』という競技となっています。

大会は大雪山国立公園を背景に東川町、東神楽町、美瑛町、上富良野町、旭川市の五市町のステージで、決められたテーマと限られた時間で高校生たちは必死に写真を撮り続けます。競技中、挫折と葛

写真甲子園 映画化へ

「ぼくらの七日間戦争」札幌出身菅原監督

【東川】上川管内東川町を主会場に開催されている全国高校写真選手権大会「写真甲子園」（東川町、北海道新聞社などの実行委主催）が、映画化されることが固まった。「ぼくらの七日間戦争」で知られる札幌出身の菅原浩志監督がメガホンを取り、出場生徒たちの成長を描く青春物語にする予定。順調に資金が集まれば、２０１７年秋の全国公開を目指す。

出場生徒の青春像

17年秋公開目指す

菅原監督は今年8月の第22回大会を視察し、高校生の熱意に感動し、映画化を決意。26日に東川町を訪れ、松岡市郎町長に脚本づくりのため、過去の出場者らに取材を始めたことを報告した。

今年8月の写真甲子園で撮影に向かう出場チーム。映画でも、こうしたシーンが描かれる

タイトルは「０・５秒の夏 写真甲子園（仮称）」で、製作会社は菅原監督の過去の作品も手がけたシネボイス（東京）。菅原監督は今後、脚本や配役などを確定させた上で来夏にも撮影を始め、次回の第23回大会の模様も撮り映画のシーンに加える考えだ。

映画化に向けては、東川町も資金集めやエキストラ確保を含め全面的に協力する。松岡町長は「地元の悲願が実現する方向となり大変うれしい」と期待する。

３人一組のチームで撮影技術やセンスを競う写真甲子園は、東川町の「写真の町」宣言10周年に合わせて１９９４年に始まった。これまでに全国の延べ約5千校が予選に参加。東川町での本選には約３３０校、千人近くが出場している。

北海道新聞（2015年10月27日付）

藤で心が折れそうなとき、生徒たちを支えるのは東川の大自然とそこで暮らす人々の真心です。

高校写真部日本一の座を勝ち取るために、すべてを一枚の写真に込めるという難題にどのように立ち向かっていくのかを映画化したい。こうした地元の悲願が、実現へ向かって走り出しました。ロケ隊を温かく迎え入れ、素晴らしいものが撮れる環境を整えるために、ふるさと納税『ひがしかわ株主制度』にも新たに映画化支援事業を設け、広くご支援、ご協力をお願いしていきたいと思っています」

4 東アジア写真文化国際フォーラムの開催

東川町が「写真の町」を宣言した当初は、国内において写真フェスティバルと呼ばれるものがほかにはなかった。それが現在では、「相模原市総合写真祭フォトシティさがみはら」（神奈川県相模原市）、「一般社団法人フォトネシア沖縄」（沖縄県）、「写真の町シバタ」（新潟県新発田市）、「熊谷元一写真賞コンクール」（長野県阿智村）など、写真文化の推進に力を入れている所が増えてきた。東川町も、それらの町やフェスティバルの実行委員会と情報交換を行い、連携をしていくという取り組みをはじめている。

Column 『東川町ものがたり』発刊に寄せて

東川町とキヤノンのつながりは、20年以上になります。

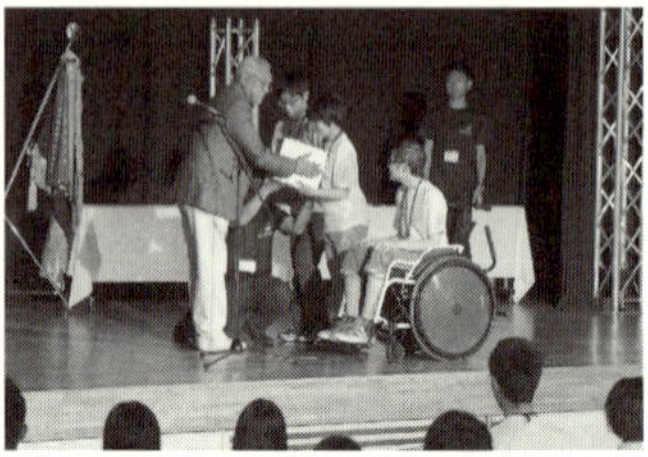
立木審査委員長よりキヤノン賞が授与される

1994年の「写真甲子園（全国高等学校写真選手権大会）」第１回大会から、毎年機材提供をはじめさまざまな場面でこの大会をサポートさせていただいております。

それは、写真の創作活動を通じて高校生らしい創造性や感受性の育成を図るという写真甲子園の理念に共感したからにほかなりません。毎年、東川町を訪れた高校生たちが、北海道の豊かな自然の中で人々と交流しながら、真剣に取り組む姿には、大変感銘を受けています。

写真を撮ることによって気づく新たな発見、写真を通してつながる人との絆。そういった経験を通して、高校生たちが得るものはかけがえのないものでしょう。このような取り組みに協力をさせていただき、未来を担う高校生たちを少しでもサポートできますことは、写真とカメラを生業とする私どもにとって、大変光栄なことです。このような機会をいただきました東川町に感謝しますとともに、今後も写真文化の醸成にともに取り組んで参ります。

キヤノンマーケティングジャパン株式会社
代表取締役会長　村瀬　治男

具体的なイベントとしては、二〇一四年の二月と九月に「東アジア写真文化国際フォーラム」を東川町で行っている。それぞれの地域や町だけでのイベントであれば限界もあることから、国内はもとより東アジアの国々とも連携を図り、写真文化をより定着化させ、より一層発展させることを目的として開催している。

東川町で行った際には、写真を核として町づくりを行っている上記の自治体をはじめとして、国内はもとより東アジア地域の写真家の方々をも招待し、町内にある農村環境改善センターでシンポジウムも行っている。そのなかで「写真文化推進連絡協議会」の設立が決まり、前述したように、国内における写真文化の推進、各実行委員会との連携を図るということが確認された。なお、連絡協議会のメンバーは、フォトシティさがみはら実行委員会、一般社団法人フォトネシア沖縄、長野県阿智村、写真文化首都 北海道「写真の町」東川町）となっている。

本協議会はもち回りで行われることとなり、二〇一五年は神奈川県相模原市で「フォトシティさがみはら実行委員会」の主催のもと開催された。事業内容は、八月三〇日に開かれた「親子写真教室」を皮切りに、一〇月一〇日から二七日にかけて行われた「受賞作写真展」「表彰式・フォトシンポジウム」「写真講評会・ギャラリートーク」のほか、翌年にかけて「プロの部巡回展」「アマの部巡回展」「子ども写真教室」「私のこの一枚写真展」などが開催された。期間中の来場者は約五〇〇〇名にまでも上っている。

二〇〇一年より開催されている「総合写真祭フォトさがみはら」はまだ一五年の歴史しかないが、写真のもつ「記録、表現、記憶」といった特性を多くの人が身近に感じる各種事業を展開している。首都圏に近い所での開催だけに、今後の発展に期待したい。

「写真の町」の国際交流

国内だけでなく、国際的にも写真文化を推進するために交流を行っている。二〇一〇年一一月、韓国の寧越郡《ヨンウォルグン》と「文化交流協定」の調印を行った。寧越郡は、二〇〇二年から「東江《ドンガン》写真フェスティバル」を開催しており、文化を中心とした「まちおこし」を積極的に展開している自治体である。ここ数年、相互交流を重ねてきたわけだが、今後、さらに交流を深めるために「文化交流協定」を締結している。

締結後の二〇一一年、東川町から職員が寧越郡の写真ギャラリーを訪問して交流を行ったほか、サッカーでも交流を深めるために、二〇一三年には当町からサッカー少年団が訪問し、現地で相互交流を行っている（一九一ページ参照）。

さらにエリアを広げた交流も決定している。

二〇一〇年、オーストラリアとニュージーランドで開催されている七つの写真フェスティバルが協同して、アジア、太平洋地域の写真フェスティバルを結ぶネットワークとして「アジア・パシフィック・フォトフォーラム（ＡＰＰ）」が設立された。その創設者の一人である、ニュージーランドのオークランド写真祭実行委員長のジュリア・ダーキンさん（Julia Durkin）が第三〇回（二〇一四年）東川町国際写真フェスティバルを訪れ、ＡＰＰ総会へのご招待をいただいた。もちろん、東川町国際写真フェスティバルはこの総会に参加し、一二月四日、「アンコール・フォト・フェスティバル」中に開催されたＡＰＰメンバー総会を経て、ＡＰＰへの加入が決まった。このときには、東川町のほかにも、マレーシアのオブスキュラ、オーストラリアのシマー・フォト・ビエンナーレが承認され、同じく加入を決めている。

これで、ＡＰＰ参加フェスティバルは、次ページの表に示したように一〇か国一三フェスティバルということになる。ＡＰＰの総会はもち回りで開催されているので、今後、東川町でも総会を開催することになるだろう。三〇年にわたる積み重ねの成果、また国際化への新たな一歩、と言えるのではないだろうか。

「写真の町・ひがしかわ写真少年団」の設立

町内のことに話を戻そう。東川町では、子どもたちにも写真に親しんでもらうために、二〇一三（平成二五）年五月、「写真の町・ひがしかわ写真少年団」を設立し、町内に在住している小学校三年生～中学校三年生までの二三名（町内在住が条件）で月二回の活動を行っている。

表　参加フェスティバル

- ANGKOR PHOTO FESTIVAL & WORKSHOPS（Siem Reap, CAMBODIA）
- AUCKLAND FESTIVAL OF PHOTOGRAPHY（Auckland, NEW ZEALAND）
- BALLARAT INTERNATIONAL FOTO BIENNALE INC（Ballarat, Victoria, AUSTRALIA）
- FOTOGRAFICA BOGOTA（Bogota, COLOMBIA）
- CHIANG MAI DOCUMENTARY ARTS FESTIVAL（Chiang Mai, THAILAND）
- CHOBI MELA（Dhaka, BANGLADESH）
- GUATEPHOTO（Guatemala City, GUATEMALA）
- HEAD ON PHOTO FESTIVAL（Sydney, NSW, AUSTRALIA）
- PINGYAO INTERNATIONAL PHOTO FESTIVAL（Pingyao ancient city, Shanxi, CHINA）
- QUEENSLAND FESTIVAL OF PHOTOGRAPHY（Brisbane, Queensland, AUSTRALIA）
- HIGASHIKAWA INTERNATIONAL PHOTOGRAPHY FESTIVAL（Higashikawa, JAPAN）
- OBSCURA（Penang, MALAYSIA）
- SHIMMER PHOTOGRAPHIC BIENNALE（Onkaparinga, AUSTRALIA）

（出典）アジア・パシフィック・フォトフォーラム
（APP）http://asiapacificphotoforum.org/

町からデジタル一眼レフカメラを貸し出して、撮影会や合評などの活動を行っている。一年目は文化ギャラリーをはじめとした町内の施設で写真展を行ったほか、写真少年団の紹介などを行った。二年目となる二〇一四年度はフォトコンテストの応募に力を入れた活動を展開し、「ストリートギャラリー・フォトコンテスト」（一〇〇ページのコラム参照）では初の団体によるグランプリを受賞した。また、同年一二月には、後述する東川町文化ギャラリーで「グランプリ受賞者展」も開催している。

このような活動を続けている写真少年団のメンバーから届いた声を紹介しておこう。なお、表記した学年は平成二七年度の取材時のものである。

写真を撮ることの楽しさ（川田楓・東川中学校二年生）

少年団では、写真を撮ることの楽しさを教えてもらっています。写す方向や位置を少しだけ変えることで、色やカタチが変化して違った世界が見えてきます。自分が見て感動したものを、吉里さんからのアドバイスをもらい、一工夫することで一枚の作品となってプリントされたときはとてもうれしいです。

でも、その工夫はとても難しく、なかなか上手な写真が撮れません。「とにかく、たくさん写真を撮ること！」と教えてもらい、一日で何百枚も写真を撮ることもあります。そのなかに、一枚でも気に入った写真があったときはうれしいです。もっともっと写真を撮りたいですが、部活もあるのでなかなか参加できないけど、面白い写真やきれいな写真を撮るのが私の夢です。

写真少年団に入って2年（鈴木玖偲・東川小学校六年生）

写真少年団に入った理由は、写真が好きで、写真少年団に入る前は美瑛などに行って写真をいっぱい撮ったりしていました。写真少年団に入ってからは、カメラに触れる機会が多くなりました。そして、いろいろな所に行けたり、友達とお話しするのがとても楽しいです。今年は、動物園や旧東川小学校、そして東川駅跡などに行って、とっても楽しかったです。ちなみに、去年はみんなで自転車に乗っていって、とってもとってもとっても楽しかったです。

写真少年団に入ってよかったと思うこと（三戸部恵・東川小学校五年生）

①写真の写り方がいろいろあっておもしろかった、とくに「ながしどり」がすき。
②ふだんはあまり気づかない、いろいろな「東川町」を発見できた。とくに注目して見ていたのは、石。たくさんの形の石があった。
③きれいなものをたくさん見つけた。例えば、空。雲と青空と木をいっしょに写すのが楽し

いし、雲に形がたくさんあるからあきない。
④弁当作りは、あまりじょうずではないが、作っているうちにつめ方や、やき方のコツがわかってきて作るのが楽しくなっていた。
⑤自然にふれ合って、いろいろな木や花などを写したり、シルエットを写すのが楽しくなった。あと、水の写る写真を写すのは、波の動きがおもしろいし、動いているものを写すのもなれたので、写真をとるのが楽しくなった。
⑥つぎは、石と水がふれ合っている写真を中心にして写真を写していきたいと思います。

よいところがたくさんある（高橋岳斗・東川中学校一年生）

僕が特によいと思ったところをいくつか発表したいと思います。一つ目は焼肉です。なぜなら、肉は美味しいし、肉だけじゃなく、焼きそばなども焼いてくれるからです。二つ目は、たくさんの人と触れ合うことです。なぜなら、僕は引きこもりがちなので、あまり人とかかわる機会がなかったけれど、写真少年団に入って活動していくうちにいろいろな人とかかわる機会が増えていったからです。

そして三つ目は、いろいろな場所に行くことです。写真少年団の活動場所は主に羽衣公園ですが、たまに東川小学校の旧校舎などに行くこともあります。なぜなら、いろいろな場所に行くことで、その場所のいいところを見つけることがあるからです。
これらのように、写真少年団にはよいところがたくさんあるので、興味のある人は見学でもいいので来てみてください。

やはり、撮影するのが一番好き（高倉梨音・東川中学校二年生）

私は、この写真少年団で撮影や写真セレクトなどをしてきました。セレクトとかも楽しいのですが、一番好きなのは撮影です。なぜなら、自分でこういう写真にしようと思いながら撮ったり、自分にしか撮れない写真というのがとても楽しいからです。
今回、この写真は「秋」をイメージして選びました。なぜなら、個人的に秋が好きだったのと紅葉した葉が自分の中では、一番キレイに撮れていたからです。これからも写真のことをたくさん学んで、多くの写真を撮っていけるように頑張ります。

ほかの人と一緒に撮るのは楽しい（高橋亜依・東川小学校五年生）

セレクトのときにほかの人の写真を見て、面白い写真やすごい写真がたくさんあって楽しいです。秋に行った旭山動物園では、グループに分かれて撮影しました。いろいろな動物を撮って、友達と写真を見せあったりしてすごく楽しかったです。

焼肉をしたときは、みんなが選んだ写真を発表して、一人一人のコメントなども面白かったです。また、氷まつりのあとの活動では、雪が深くて大変だったけどいい写真が撮れました。今年も楽しかった写真少年団の写真展、ゆっくり見ていってください‼

友達に誘われて（宮崎夏美・東川中学校二年生）

私は、写真少年団に入って一年目です。友達に誘われて入りました。他の習い事で行けないことも多いですが、毎回、この写真少年団をとても楽しみにしています。同じ場所で写真を撮っても、毎回景色や色が変わり、「どのアングルで撮るのか」「どの高さで撮るのか」とたくさんの工夫をすることができるので、私は写真を撮ることが大好きです。

プライベートでも写真を撮るときに、役に立つことを学ぶことができます。そして、友達も先生方もとても親切でカメラのことや、撮るコツなどをたくさん知ることができるので、私はこれからも写真を撮り続けていこうと思います。

頼もしい声が聞けた。近い将来、東川町から世界で活躍する写真家が誕生するかもしれない。これ以外にも、写真を核とした町づくりの取り組みがある。主なものだけとなるが、以下に紹介しておく。

❶写真の町実行委員会のなかに町民で構成する「企画委員会」を組織して、住民の意向が反映できる体制を整え、写真映りのよい町づくりを進めるためにさまざまな提案を実践している。
❷商工業の分野では、写真映りのよい個性的な商店街づくりのため、木彫看板、フラワーポット設置や町内のクラフト作家が制作した額に写真甲子園の歴代本戦作品などを入れて商店での写真展示などを実施している。
❸写真の町を意識して、景観の保全に配慮した建築・緑化植栽事業などを実施している。
❹学校教育では、写真ワークショップ撮影会や展覧会、写真カレンダーづくり、夏休みの思い出を「写真絵日記」として発表し、文化ギャラリーにおいて展示している。

「写真の町」のイベント拠点「東川町文化ギャラリー」

写真の町を宣言してから四年後、一九八九（平成元）年に「写真の町東川町文化ギャラリー」が完成している。これまでに紹介してきたさまざまなイベントを行う際の中心施設であり、年間を通して多くの写真の企画展や写真家の個展を開催している。一般の方も展示ができるギャラリーとなっており、年間四〇本の作品展示を行い、来館者数は年間約一万三〇〇〇人にも上っている（一九ページの写真参照）。

正面の入り口を入ると、真正面に東川町が発祥とされる氷彫刻の像が飾られている。その左右に展示室（合計四つ）が配置されている。展示スペースだけで五〇四平方メートル、展示壁面の総延長が一三五メートル（可動式パーテーションで展示壁面を増やすことも可能）と、比較的大きなギャラリーとなっている。

「写真甲子園」をはじめとした写真集などの展示・販売をしているので、写真に興味のある方であれば、年齢を問わず楽しんでいただける空間となっている。東川町に来られた際には是非お立ち寄りいただきたい。ある訪問者が「写真の町東川賞」の受賞者一覧のパネルを見て、「へぇー、こんな有名写真家も受賞していたんだー」と驚かれていた。三〇年という歴史を改めて感じてしまうコメントをいただいた。

また、文化ギャラリーの事務所には「写真の町課」に所属する全スタッフが詰めているので、

東川町文化ギャラリーの展示室

写真に関するご質問をはじめとして、イベントのご提案などもいただければうれしい。さらなる写真文化の発展のために、みなさまからの叱咤激励をお待ちしている。

「写真の町」を宣言したはじめの数年間は、その専門性に対する理解がなされなかったのも事実である。しかし、「写真の町」という企画を提案し、運営していたイベント会社が二〇〇五年に倒産し、町民主体で運営していかなければならないという窮地に立たされたときは、まさしく手探りでのイベント開催となった。

その後、町民の意見を取り入れるようになってから、徐々に自分たちの町で開催しているイベントなのだという意識が高まり、写真甲子園での高校生との触れ合いなどで理解が広まっていったというのがこれまでの経緯である。

実は、写真甲子園の開催の際に高校生や監督がホームステイをするという企画も、町民が立案したものの一つである。町民の意見を十分に反映できるという事務局との距離の近さ、これこそが東川町のイベントではないかと思っている。町民自身が自らの町を素晴らしいと思い、一人ひとりが町の広報員となって東川町を広めている。これこそが、「写真の町」として取り組んできた東川町の成果の一つではないだろうか。

5 「写真の町」としての新たな一歩――「写真文化首都」を宣言

町民の後押しを受けて、松岡町長をはじめとする職員一同は、今後の展望を明らかにするために以下のことを確認した。

❶東川町は「写真の町」としての個性や独自性が確立され、文化的なイメージが浸透し、知名度および認知度がこれまでより向上してきた。

❷町民の文化に対する認識や「自分の町」という意識が強くなったおかげで、町の素晴らしさを伝えるだけでなく、たくさんの東川町のファンや応援者を生んでいる。

❸宅地分譲や企業進出なども順調に推移している。とくに、クラフトや陶芸といった創作活動に携わる移住者が増えたり、新たなカフェや飲食店が増えていることなどをきっかけに人口も少しずつ増加し、二〇一四年一一月には人口八〇〇〇人を突破した。

カメの歩みのごとくだが、このように町が活発になっていることは「写真の町」の取り組みが評価されたものと自負している。そして、忘れてはならないのが「大雪山国立公園」である。大雪山（旭岳）から東川町は、「美味しい水」「うまい空気」、そして「豊かな大地」などたくさんの恵みをいただいている。「この素晴らしい風光明媚な自然環境・人々のつながりを未来永劫にわたって守り育てましょう」と言う考え方が、「写真文化首都」の宣言につながった。

開拓一二〇年、「写真の町」宣言から三〇年を迎えた二〇一四年、「写真の町」の新たな一歩として、写真文化の中心であり続け、写真文化を通じて国内・国外を問わず人々とつながっていくことを決意し、三月六日、「写真文化首都」宣言を行った。

日本の「首都」は東京であり、政治・文化・スポーツなど国内で行われている中心的な行事が東京で展開されていることは周知のとおりである。となれば、「写真文化」の首都くらいは小さい地方の町にあってもいいのではないか、というような想いで「写真文化首都」を宣言するに至った。その趣旨は以下のとおりである。

「写す、残す、伝える」ために「写真文化首都」を宣言

写真文化首都宣言文

一九八五年、私たちは「自然」と「人」、「人」と「文化」、「人」と「人」それぞれの出会

いの中に感動が生まれる「写真の町」を宣言し、写真文化を通じて潤いと活力のある町づくりに取り組んできました。三〇年にわたる「写真文化」への貢献は私たち住民の大きな誇りになっています。

私たちは「写真文化」を通じて「この小さな町で世界中の写真に出逢えるように、この小さな町で世界中の人々と触れ合えるように、この小さな町で世界中の笑顔が溢れるように」願っています。

「おいしい水」、「うまい空気」、「豊かな大地」を自慢できる素晴らしい環境を誇りにする東川町が、三〇年にわたる「写真文化」の積み重ね、そして地域の力を踏まえ、開拓一二〇年の今、私たちは未来に向かって均衡ある適疎な町づくりを目指し、「写す、残す、伝える」心を大切に写真文化の中心として、写真文化と世界の人々を繋ぐ役割を担うことを決意し、ここに「写真文化首都」を宣言します。

この宣言のもと、東川町は写真文化による町づくりや生活づくり、そして人づくりを展開し、写真文化を通じて世界との交流を引き続き行い、地方から写真文化の発信を行っていきたい。

6 写真家・奥田實さんにインタビュー

本章を締めくくるにおいて、写真文化首都「写真の町」東川町で活躍する写真家の奥田實さんに筆者が行ったインタビュー（二〇一四年一一月一〇日）を紹介したい。もちろん、「写真の町東川賞」も受賞されているわけだが、奥田さんにお願いした理由はもう一つある。「写真甲子園」の審査員を務めていただいている竹田津実《たけだつみのる》さんから「是非に」と紹介されたからである。

まずは、奥田さんの紹介を東川町のホームページから引用（要約）しておこう。

一九四八年、埼玉県本庄市生まれ。全国の自然風景を撮影する中で、大雪山の広大な山岳景観やそこに咲き乱れる高山植物に魅了され通い続けるようになる。以来、風景に加えて自然景観の中の植物をモチーフとする自然写真に取り組むが、一九八六年、活動の拠点を大雪山山麓の東川町に移し、大雪山とその周辺の自然を対象に作品づくりを続けている。

これだけの紹介ではご理解いただけないかもしれないが、『生命樹』（新樹社、二〇一〇年）、『野菜美』（同、二〇一四年）を著した写真家と言えば思い出す人がいるかもしれない。写真集だけ

でなく、ＮＨＫテレビなどにもよく出演をされているので、ご覧になった人もいるだろう。写真集の刊行にまつわるエピソードもうかがっているが、プロの写真家が発する生《なま》の声、期待して読んでいただきたい。

約束した時間に、筆者は奥田邸のドアをノックした。外観からも、素晴らしい丸太を使った木造家屋であることが分かる。しかし、まったく応答がない。不安になって、ケータイから電話をしてみた。すると、すぐに玄関が開いた。「いやー、すみません。今日は女房がいないので、二階で片付けをしていたので気が付きませんでした」という温和な出迎えを受けた。正直なところ、その言葉と風貌にギャップを感じた。

（１）（一九三七〜）大分県出身。オホーツク管内小清水町で、獣医、動物写真家、エッセイストとして活躍。『子ぎつねヘレンがのこしたもの』（偕成社、一九九九年）などを著す。東川町に移住して一二年になる。

靴を脱いでリビングに入ると、外観以上の情景が目に入った。天井の高さといい、梁のすごさといい、東京などの大都会に住んでいる人が見たら、思わず「ここに住みたい！」と言うことだろう。

筆者が、「すごいオーディオ設備を置いてますねー」と第一声を発すると、「私が三〇代のころは、写真業界は右肩上がりの時代でした。自然風景の写真が広告や雑誌など、さまざまなメディアに多用されました。私も経済的に余裕ができたので、機材などの購入は苦労しませんでした。このオーディオシステムもその当時のものです。ハンダごてを片手に、趣味の木工を生かして自作しました。私だけのオーディオシステムで好きな音楽を聴きながら、本の構想を考え、疲れた頭をリフレッシュしました」という言葉が返ってきた。

それにしてもすごいオーディオ設備である。現在、町が所有している「小西音楽堂」（コラム参照）にあるものと優劣がつかないぐらいだ。この空間で、ウィスキーなどを飲みな

建築作業の多くを手掛けられた奥田實さんとご自宅

がら音楽を聴く、まさに至福の時間となるだろう。

奥田さんがコーヒーを淹れ終わるのを待って、インタビュー開始となった。もちろん、この間、筆者は子どものごとく室内をキョロキョロと観察し、ほんの少しだけプロの写真家の感性に浸っていた。

吉里　東川町に移住してきたころから、お話を聞かせてください。

奥田　三〇歳そこそこまで全国各地の桜など自然風景を撮って回っていました。大雪山も撮りたいという一心で埼玉県から通っていましたが、一つのテーマを掘り下げて撮影することの重要性に気付きました。その後、大雪山の自然を写真集

Column　小西音楽堂

生前、音楽が大好きだった小西健二（2009年4月死去）がコンサートを開いていた自宅と、グランドピアノ「ベーゼンドルファー」、チェンバロ、音響装置など家具、備品を町に寄付した。町は本物の音を味わうミニコンサートホールとすると同時に、自炊型の宿泊施設として活用している。

利用料金はコンサートが1時間1,000円、宿泊は基本料金2,000円＋1人1,000円、「ひがしかわ株主制度」優待がある。問い合わせ、申し込みは東川町企画総務課（0166-82-2111）。建物は、役場駐車場横、文化ギャラリーの隣。

シンプルなデザインの外観

にすることが決まったので旭川にアパートを借りたのですが、一年のつもりが二年になりました。
東川でロッジ（ヌタプカウシペ）をやっている友人の所に入り浸って話しているうちに、住んでみようかという思いになって、山が見えさえすればいいと、ここに自分であらかた家も造って一九八六年一二月三〇日、未完成の家に引っ越しました。

吉里　確かに、大雪山旭岳は真正面に見えますね。

奥田　この辺りには街灯が一個あるだけで、夜は音が一つもありません。昨年は軒先のなかにリスが巣づくりをして、子リスが六匹も生まれています。軒先から落ちた子リスがノスリ（鳥）に狙われたり、母リスのおっぱいを吸ったりと、いろいろな自然を間近に見ることができます。
ここにいると、都会の三、四倍は働くことになりますね。冬の準備として雪囲いもしなければならないし、薪の準備もします。丸太を業者に運んでもらい、玉切りしてから斧で割って積んでいくのです。また、リンゴの枝に雪が積もると木が折れてしまうので雪下ろしもしなければならない。夢のある暮らしをするためには、まず健康でなければなりません。もちろん、体力も必要ですから、ストレッチは欠かさず続けています。

吉里　『大雪山のお花畑』（山と渓谷社、一九八七年）や『大雪山』（山と渓谷社、一九九一年）の写真集を出版されてから『生命樹』を発表されるまでに長い空白期間がありましたが、何か理由はあったのでしょうか？

奥田　『大雪山』の写真集のあとに『日本の桜』（山と渓谷社、一九九三年）を出版し、その後は北海道の森を撮りはじめました。開拓前の北海道の森の原風景をイメージした心象風景です。〝オオカミが見た森〟というタイトルを決め、仮想のエゾオオカミの目線で取り組みました。しかし、ほぼ撮影を終えたころ、写真集の出版が難しい時代を迎えつつあり、時が来るまで諦めることにしました。

諦めたというよりも、森はいったん置き、自分は木のことをよく知らないから北海道に自生する木を一から勉強することにしました。でも、普通の木の写真ならほかの写真家がやっています。そこで、私のオマージュする大正時代に出版された『北海道主要樹木図譜』(1)という、樹木の細密画に注目しました。これを写真に置き換えるというのが発想のはじまりです。

図譜のように切り抜きで、白バックでやってみようと思い立ったのです。撮った画像をモニターで見ながら切り抜きしていくのですが、本に載せた何倍ものパーツを切り抜いて組み合わせていく作業はとても難しく、これにかかりっきりになってしまいました。

撮影にも困難がともない結果的に長い空白期間となりました。撮影のことを少し話しましょう。

（1）　一九二〇（大正九）年から昭和六年にかけて、三秀舎より刊行された。一九八四年に北海道大学出版会より復刻版が発行された。それが好評となり、一九八六年には普及版も出版されている。

樹木は雌雄別株であることが多く、未知の樹木を探すために多くの時間が必要だったのです。季節ごとの被写体の最良の条件も選ばなければなりません。若木はすぐには花を咲かせません。また、気候によっても花の咲かない年があり、実のならないこともあります。樹木の一年を撮影するのは一朝一夕とはいかなかったのです。それでも、野山で見知らぬ樹を探す時間はとても充実していたし、樹木部位の美しいフォルムや不思議さに魅了されたことが、辛いデスクワークの原動力になりました。

しかし、長期のデスクワークで交感神経と副交感神経のバランスを大きく狂わしてしまいました。四〇〇パーセント拡大した画像とモニターの光源を一日中注視し、切り抜きや色合わせのパソコン作業を二年以上こなしたのです。今思えば、体調がおかしくならないほうが不思議でした。年がら年中興奮状態で、全力で走って心臓がバクバクするという状態でしたね。精神安定剤を処方してもらい、鍼、マッサージを続けたりもしました。

吉里　えっ、写真集の製作で自律神経がおかしくなったんですか……。

奥田　そうなんです。私は自家菜園の野菜や果物、庭の植物たちに助けられたと思っています。事実、自律神経が狂い出したときも、リンゴの世話をしているとホッとしました。自分にとって緑は心を休める代え難いもので、『生命樹』や『野菜美』は都会で生活していたら、私にはできなかったと思っています。とはいえ、こんな苦労話を本に書いてはいませんが。よいイメージで本を買っていただくわけですから、マイナーなところはオブラートに包んでいます。

吉里　『生命樹』の初版が出た四か月後には二刷となり、さらに重版が続いていますね。出版するまでの経緯はどのようなものだったんですか?

奥田　ある程度できあがっていたころ、編集プロダクションの代表者が訪ねてこられ、作品について話をするなか、彼に編集をお願いすることになりました。すでにある出版社から出版することを前提として企画書を出すところまで進んでいたのですが、代表者の熱心さに心を動かされて編集をお任せすることにしたのです。本づくりのマニアのような方でしたので、編集が決まってから出版まで、さらに四年がかかりました。

吉里　それにしても、きれいな本ですね。

奥田　カバーデザインをした装丁家が、表紙にホノグラムを使っています。私はキラキラ光るのは嫌だと言って喧嘩しちゃいましたが、結果的にはそれでよかったみたいです。何年かけてでも、ちゃんとした本づくりをする。その原点に戻ることが大事です。よい刺激になり、おかげさまで今は四刷目となりました。他の出版社の方から「何で増刷できるのか?」と不思議がられています。(笑)

吉里　決して、お値段の安い本じゃないだけにすごいですね。

奥田　私が知っているところで言えば、読者は五〇代以上の女性が多いようです。勝手な想像ですが、母性と関係があるのでしょうかね。女性は子どもを産み、成長を見守っています。樹木の小さな花のおしべとめしべが受粉《じゅふん》し、種が生まれ、一粒の種から大きく生長していく。感動した女性から電話を受けると、話の途中から涙ぐんでいらっしゃるのが分かることがあります。本に感動して目頭を熱くしてくれること、今の時代、あまりないのではありませんか。

吉里　おっしゃるとおりですね。実用的な意味で読む人がほとんどかもしれません。

奥田　最初、写真なのか絵なのかが分からないそうで、写真であると分かっても、どうやって撮っているのかが分からない。奥行きがあって不思議だ、とみなさん言います。僕は、意図的に奥行きがあるように立体的に撮っているわけですが、それが分からない。『生命樹』は、樹木の生命の造形美を私の感性で構成した作品集です。興味のない方にはなかなか理解してもらえないかもしれませんが、植物好きの方、絵に興味のある方、俳句を詠まれる方などに手に取っていただいています。もちろん、草木染めをされる方にも手に取っていただいています。

吉里　私も、あとでじっくりと読み直してみます。ところで、町が主催している「写真甲子園」では高校生が頑張っていますが、写真家の奥田さんとしてはどのように評価されていますか?

奥田　写真甲子園は、主役である高校生にとって、写真を通して東川の人々や自然風景など出会いがたくさんある場所です。彼らが目指すものが見つかるきっかけになるかもしれません。しかし、今ではデジカメやスマホで写真を撮り、誰にでも発表するチャンスがあって、多くの写真がインターネット上にもあふれています。そのなかで、いかに個性の違いを出していけるのかが重要でしょう。

今、写真の道を志す若い世代にとってはとても残念なことですが、写真を職業にすることがとても難しい時代になってしまいました。しかし、彼らには時間と柔軟な思考力やパワーもあり、志を貫くことは可能です。別の職業に就きながら、ライフワークにするという選択肢もあります。

大雪山にあこがれた一個人として、彼らに期待していることがあります。それは、高校生たちは東川町に来て、大雪山の片鱗にも触れるわけですが、願わくば、大雪山などの自然を私とは違う切り口で捉える表現者が一人でもいいから出てくることです。

若いころ、写真関係者から「あんたたちはシャッターマンだ」と言われたことがあってムカッときたことがあります。私の撮る写真はいくらでも差し替えできるというわけでしょうが、そんな目で見られていることに反発しました。カメラという機材が介在する写真は、ほかの写真家に似通うことも多く、絵画や彫刻のように個性を出すことの難しさに今でも苦労しています。

吉里　そうなんですか……そういうふうに見ている人もいるんですね。私の学校は写真甲子園に初回から出場していましたので、先輩たちから引き継ぎ、出場することだけに青春を費やしたという感じです。写真家を目指しているかと言われると、ふんわり思う程度で、専門学校や大学へ進学してはじめて「写真家は難しい職業だ」と気が付きました。ところで、二〇一一年に「写真の町東川賞（特別作家賞）」の受賞をされていますが、どのように感じられましたか。

奥田　東川賞は町にとって大事な方に贈られる賞なので、感慨深いものがあります。受賞作となった『生命樹』は、先程話しましたが、東川町に住んでいなければできなかった本です。写真を生業にしてから全国を飛び回り、大雪山のてっぺんで撮り、森の中に入って撮り、樹木を撮り、そして畑の野菜を撮るようになりました。

吉里　今後の活動予定などについてお聞かせ下さい。

奥田　これからは、庭の中の宇宙感のようなものを表現したいです。好きな画家の伊藤若冲や、熊谷守一、熊田千佳穂、みんな身近な自然を描いているんです。先ほどお話しした『生命樹』の最後の一枚は、この家から撮ったものなんです。この年齢になると、遠くに行く必要がなくなりました。近くにすごい発見があるんです。普通の人も身近なものを見ているので、私の撮った身近な写真と対比ができて世界がつながっていく感じがします。

吉里　えっ、この写真って家の中から撮ったんですか！

奥田　家から見える風景であっても、枠の中に入れて自然を切り取りすることに意味があります。見る人は、枠の「外」と「内」の世界を一緒に想像します。写真のマジックです。

吉里　なるほど、勉強になります。

奥田　もう少し言うと、僕は予定していた行動を考えるときに映像で考えます。あそこの店に行き、買い物をし、今日はそのあとインタビューを受けるなど、その場面、場面の映像が浮かび上がってくるんです。撮影も同じです。テーマに沿ってイメージする映像を頭の中で組み立て、現場ではイメージする映像を撮れるように工夫し、近い条件が来るまで待ちます。

そう言えば、氷点下一〇度のとき、一晩中外にいたことがあります。リンゴが寒さでダメになるので一斗缶に薪を入れて燃やし、辺りに上昇気流をつくっていたんですが、あっという発見がありました。キャベツに霜がついて、宇宙の星のように光っているんです。また、懐中電灯でキノコを照らしていると、夜中に胞子を出していました。映像は、夜中だろうが関係ありません。二度とチャンスはやって来ないんです。常に発想が膨らみます。

吉里　お話をうかがっていると、新作の予定があるようにも思いますが……。

奥田　ここでの生活で、まだ撮影できていないことがいっぱ

奥田實さんが撮影した「早春の庭・朝」

いありますので、生活にあわせた単行本を出したいと思っています。文章も重要です。今、月刊誌や機関誌に連載をしていて、生活感を入れてほしいと注文を受けていますが、苦労しています。いくら注意していても同じ言葉を何度も使い、修飾を繰り返してしまうのです。写真家としても、言葉はとても重要なのです。

　東川町には素晴らしい自然があります。私はここでしかできないものを表現して、東川町でしかできない生活を続けたいです。

吉里　新著、楽しみにしております。長い時間、今日は本当にありがとうございました。また近いうちにコーヒーをごちそうしてください。今度はジャズを聴きながら。

リンゴの木の手入れをする奥田さんの向こうには大雪山が見える

　玄関先で改めてお礼を述べて振り返ると、旭岳が目に入った。奥田さんの話を聞いたからだろう、いつも見る旭岳より美しいと感じた。筆者レベルの写真技術では感想を言うのもおこがましいが、プロの一面を間近に見、聞けたこと、これに勝る感動はない。

　かつてお目にかかったときは「怖そうな人」という印象があったが、今日お目にかかってお話を聞いたあとには「優しいおじさん」に変わってしまった。とくに、話し方にそれは表れていたが、写真の話をするときの目は、やはり鋭かった。この「鋭さ」を忘れることなく、今後の仕事に生かしていきたいと思っている。

参考までに、奥田さんが「東川賞（特別作家賞）」を受賞されたときの講評を以下に掲載しておく。

第二七回審査講評（二〇一一年）

特別作家賞は東川町在住の奥田實氏に決まった。「生命樹」は一見すると樹木の図鑑のような豪華本であり、解説の文字も多いため写真集のようには見えない。しかしながら、メインの「写真」をよく見ると、イラストレーションのように配置された図が、実は丹念に切り取られ、四季の変化を構成して巧みにコラージュされた写真である事が分かる。Karl Blossfeldt の自然の構築的形態を見出すような植物写真集を想起させ、コラージュの作品を丁寧に見て行くと、木の生命について実に丹念に観察し研究された成果である事が了解できる。また長年に亘って旅を続け、森に住み森を観察し続ける氏の姿勢は、ソローの「森の生活」をイメージできる。そしてまさに植物図鑑のように対象に対峙し、淡々と撮影する姿勢は、特別賞に相応しいものといえる。

第4章

担当：教育委員会

教育環境

廊下との仕切りがない東川小学校の教室

1 東川町の教育環境

現在、我が国では、人口減少や少子高齢化などによって教育を取り巻く環境も多くの課題を抱えている。とくに、家庭や地域における教育力の低下が指摘されていることはご存じのとおりである。このような状況のなか、「子どもは地域の宝である」という認識に立って、子育ておよび教育は地域社会全体が協力して行う必要があると考えている。

東川町における教育の目標は「日本一の〝子育て・教育の町づくり〟」であり、重点施策として、「ふるさと教育の推進」「学力向上対策の推進」「国際教育の推進」を三つの柱として掲げている。

新しい東川小学校の誕生

東川町開拓一二〇年という記念すべき年である二〇一四年、「東川小学校」と「地域交流センター」を新築した。この施設には、世界的な彫刻家である安田侃《かん》さんの作品が二点配置されているほか、町の主産業でもある木工クラフト業者などによる芸術作品も

新しい東川小学校の全景

たくさん配置されている。「本物の芸術」に早く触れることによって、子どもたちが感性豊かな人間になるという願いを込めた作品展示である。

卒業した子どもたちが、将来、札幌や東京に行ったり、イタリアをはじめとした世界各地を旅行した際、偶然にも安田侃さんの作品に触れたときの姿が目に浮かんでくる。

「これって、安田侃の作品だよね……すごい！」

「よく知っているね。そのとおり、安田侃の作品だよ。現在、イタリア北部で制作活動を行っている世界的な彫刻家だよ」

「うん、知っている。小学生のとき、毎日観てたし、触ってた！」

「えっ?!　そんなことが、なぜできるの？」

「校舎に展示されていたから」

「どこの小学校なの？　俺、今度観に行ってくる」

こんな会話が聞こえてきそうだ。知力優先の日本にも、

安田侃（1945～）北海道美唄市に生まれ育ち、現在は北イタリアで創作活動を続けている彫刻家。大理石やブロンズを用いた有機的な曲線と、環境を選ばずあらゆる空間と調和し得る作品づくりが特徴で、その作品は国際的に評価されている。ＪＲ札幌駅構内に置かれた白い大理石の作品「妙夢」は、待ち合わせ場所としても有名。そのほか、北海道知事公館にある「意心帰」など、作品を見るだけで札幌観光ができてしまうほどである。また、「アルテピアッツァ美唄」はアートファン必見の野外彫刻公園となっている。住所：〒072-0831　北海道美唄市落合町栄町　TEL：0126-63-3137

芸術をはじめとした教養豊かな人間が東川町から輩出されることを願っている。何といっても、子どもの感性ほど素晴らしいものはない。その感性を保ちつつ、世界に羽ばたいてほしい。

実はこの校舎、大きく見えるが平屋建てである。また、東川町らしく木をふんだんに使用しているため校舎には温もりがある。南側にある歓迎門をくぐり、児童玄関を入ると、小学校と地域交流センターをつなぐ板張りの廊下が目に飛び込んでくる。その長さは、何と二七〇メートルの直線である。この廊下を初めて見た人が言っていた。

「桐生祥秀《よしひで》君（東洋大学）にでも、一度走ってもらいたいね」と。

この廊下の北側、地域交流センターとの境となる場所に、前述した安田侃さんの作品が展示されている。その反対側にはグランドピアノが置かれており、階段部分を客席として、ちょっとしたコンサートを開くことも可能である。外観のデザインをはじめとして、至る所に芸術の香りがする校舎である。

教室のほうも見てみよう。最近はさまざまな小学校で採用されているようだが、教室にドアを設けないオープン教室となっている（本章の扉写真参照）。設計段階で現場の教師たちとも協議を重ねた結果、生み出された開放的な空間である。もちろん、各教室前のワークスペースも十分に広く、子どもたちの荷物が多くなる冬場のことも考えての校舎内環境となっている。

校舎の窓から見る風景もすごい。いかにも北海道、という広さを感じるであろう。当然のごとくある運動場のほかに、人工芝のサッカー場、野球場、プレーパーク、田んぼなどを配置している。実は、小学校の周りは「特定地区公園」となっている。学校と公園部分の合計敷地面積は一六ヘクタールもある。都会の人には想像もつかない広さであろうが、端から端まで移動するのに、思わず車を使いたくなってしまうぐらいだ。

ところで、「学校のすぐ横になぜ田んぼをつくったのか？」という疑問をもたれる方もいるだろう。東川町では、学校教育と社会教育の連携を図っており、地域のみなさんのご協力によって各種の体験を充実させるために「東川町学社連携推進協議会」を設立している。町民との交流や農業体験、そして自然体験などといった地域との「出会い」から、優しさや豊かな心、将来の夢を育てるといったことを目標として教育を進めている。

自然豊かな環境のなかで、「このカエルさんは何を食べてるの？」とか「雪が降ったらカエルさんはどうなるの？」など、さまざまな「何故」が広がってくれることを楽しみにしている。言ってみれば、「地域はみんな先生」という気持ちで教育環境を整えることが、本来の「生きる力」を生み出すことになると確信している。

ちなみに、総事業費は五三億円にまで上った。その費用の捻出は、第６章にて紹介した「株主制度」における寄付をはじめとして、町の基金、国の補助金、起債を充当し、残りは一般財源を充てている。

二〇一四年一〇月、東川小学校のオープンにあたって、教師、子どもたちや保護者、そして地域のみなさんのご協力のもと引っ越し作業を行った。そのとき、「こんな明るい、すばらしい学校で勉強するのは楽しみ」という子どもたちの声が聞こえてきた。町内にある他の三つの小学校に通う子どもたちには申し訳ないが、まずは東川小学校を起点として、町の新たな教育行政を考えていきたい。

人口約八〇〇〇人の東川町だが、この小学校をはじめとして教育施設は充実していると自負している。東川町幼児センター（幼保一元化施設）、小学校（東川小学校、東川第一小学校、東川第二小学校、東川第三小学校の四校）、東川中学校、東川高等学校、東川養護学校、旭川福祉専門学校といった九つの施設がある。これらの教育施設が常に情報交換しながら連携しているのも、「東川町らしい教育」と言える。

小学生から人生をさかのぼるという形となるが、次は乳幼児に対する事業と、幼保一元化施設の幼児センターを紹介していきたい。

東川町ブックスタート事業

東川町では、生後七か月の乳幼児とその保護者を対象に絵本のプレゼントを行っている。この事業は二〇〇五年一〇月からスタートしたもので、町で決めた絵本をプレゼントするのではなく、あかちゃんの身近なことを題材にして書かれた『ヘレン・オクセンバリーのあかちゃんえほん』（五冊・文化出版局、一九八一年）と、日本の作家が描いた絵本（一〇冊）のなかから、それぞれ一冊ずつを選んでいただくことになっている。

一五冊のセレクトについては、東川町の読み聞かせサークルである「おはなしの会ピッピ」(1)と、旭川市で児童書・絵本の専門書店「こども冨貴堂」を営んでいる福田洋子さんに協力をいただいて行ってきた。福田さんが次のように説明してくれた。

「あかちゃんの脳や心、体の発達は驚異的で、外の世界に対する感受性は素晴らしいものがあります。この時期にお母さんやお父さん、周りの人たちが優しく、楽しく話し掛けたり、子守唄やわらべ歌を歌ってあげたり、絵本を一緒に読んであげることがとても大切です。『あかちゃん絵本』は、あかちゃんにも分かりやすくはっきりとした形やくっきりとした色合い、あかちゃんにとっても心地よい言葉が使われています。代表的な『あかちゃん絵本』には、松谷みよ子さんが著した『いないいないばあ』があります。一九六七年に発刊されてから五〇年近くロングセラーを続けており、親子二代、三代で読み継がれています」

---

(1)　代表：三戸部智子《もとこ》。一九九六年に設立され、現在の会員数は一四名。町内のお母さんたちを中心とした読み聞かせサークルで、幼児センター・子育て支援センターや小学校などで活動をしている。

このブックスタート事業は、乳幼児健診に合わせて行っていたが、今は対象者に「文化交流館」に併設されている図書室に来館してもらう形をとっている。「ピッピの会」の三戸部智子さんに尋ねたところ、「当初、乳幼児健診で読み聞かせをしていましたが、お母さんたちには健診時にすることがいっぱいありますので、健診時の読み聞かせはやめました。今は、読み聞かせを子育て支援センター、学童保育、親子移動朗読会などで行っています」と答えてくれた。

文化交流館および図書室に来てもらうことで、本との距離感を短いものにし、日常的な利用を促すのにも一役買っている。その場で絵本の内容を確認して選ぶことができるので、二人目のお子さんのために選んでいるお母さんが、「上の子どものときはこの絵本をもらったね」と楽しそうに話しながら選ぶ姿もよく見られる。

一三歳の息子さんと六歳の娘さんの母親である千葉博美さんは、長女のゆき乃ちゃんが七か月のとき、「文化交流館」に抱いていってオクセンバリーの『ともだち』と長新太作の『チューチューこいぬ』を選んだことを昨日のように覚えている。

「オクセンバリーの絵本は掌に乗るくらいの可愛いサイズで、本の角が取れて丸く、積み木のような厚みもあって、ゆき乃はなめたり抱きしめたりしてました。あかちゃんとの暮らしのなかに、絵本があることがとても幸せでした。今も、文化交流館で読み聞かせがあると家族で楽しく参加しています」

ブックスタートが縁で、絵本とのつながりが続いているようだ。成長に合わせてさまざまな本に親しんでいただき、北海道のこと、東川町のこと、そして日本から世界に広がるまでの教養を身につけていって欲しい。そのためにも図書室をレベルアップし、今後、図書館を整備することにもなっている。

幼児センター

二〇一六年三月現在、ここには七五名の幼稚園児（短時間）と一九五名の保育園児（長時間）、合計二七〇名が通っている。

かつて東川町には、常設保育所が二か所、季節保育所が二か所の合計四か所の保育所と、幼稚園が一か所あった。保育所の建物がかなり古くなり、建て替えが必要になったことがきっかけとなり、一九九九年五月、役場内に「検討委員会」を立ち上げて協議が開始された。この協議のなかで、中心となったのが運営費の面からも保育所を統合する必要性であった。当然、議会および住民への経過説明をはじめとして、保護者に対しての説明会を開催していくことになった。

その後、二〇〇〇年一二月から「保育内容にかかわる開設準備会議」（幼稚園、保育所の先生をメンバーとしたもの）を一四回開催し、さまざまな議論を重ねたほか、議会において特別委員会も設置した。そして、幼稚園と保育所を同じ施設で平等に保育および教育ができないものかと、国のシステムにおいて分離されている幼稚園と保育所を合体した「幼保一元化」について協議をすることになった。この協議結果をふまえて、後日、住民説明会や保護者説明会を各地区で開催している。

幼児センターの建物は、二〇〇二年一二月に子育て支援センターを併設した形でオープンした。施設はできあがったのだが、当初は幼稚園の部分と保育所の部分に分けられた形での運営であった。翌年の二〇〇三年一一月、内閣府の「構造改革特区」の認定を受け、二〇〇四年四月に「幼保一元施設」として幼保合同保育、混合クラスの実施に至った。その後、とくに未満児の入園の増加などによって二〇一〇年に増築を行い、現在の形態となっている。

前述したように、幼児センターは「子育て支援センター」が併設されている。支援センターでは、幼児センターに通っていない親子を対象として子育て相談（家庭訪

子育て支援センターが併設されている幼児センター

問も含む）や遊びの紹介、そしてお母さん同士が交流できる「よちよち教室」や「子育て講演会」といった数多くの事業を行っている。これらを通して、幼児センターが自然と身近なものとなり、抵抗なく入園とつながっていくケースが多い。

一方、幼児センターでは、フィンランドでの保育形態を参考にして、就学前の基礎教育（プレスクール）を導入している。年間を通しての「外遊び」や「異年齢交流」などを積極的に展開し、遊びのなかで子どもたちに社会性が身につくように取り組んでいる。小学校のところでも述べたように、ここでも地域のみなさんがすべて「先生」なのである。

保育者についても述べておこう。安心していただきたい。幼児センターで働く保育者は、みな両方の資格（保育士、幼稚園教諭）をもっている。同じ教室で、長時間と短時間の子どもを一緒に保育および教育を行っている。短時間の子どもは、お別れの会のあと午後一時半に退園し、長時間の子どもはその後お昼寝をし、夕方に保護者が迎えに来るまで保育を行っている。

現在、国では子育て支援のために幼保一元化の「認定こども園」の推進が行われているわけだが、言ってみれば、東川町が「構造改革特区」の申請・認定を受けて取り組んだ結果が一般化してきているのではないかと思われる。

本書を刊行するにあたって、幼児センターの伊藤和代園長から寄稿してもらっているので、次節で紹介したい。現場を司る園長の言葉ほど、幼児センターの実情を知るものはないだろう。

2 東川町の幼児教育――保育・子育ての拠点施設

伊藤和代（東川町幼児センター園長）

培われてきた郷土愛

東川町幼児センターは、二〇〇二年一二月に「東川っ子は平等に就学前教育が受けられる」ことを基本理念とし、既存の四つの町立保育所（常設二か所、季節二か所）と一つの町立幼稚園を統廃合し、地域子育て支援センターを併設する形で開園した。

開園から一四年がすぎ、当時五歳児だった子どもたちは大学生になっている。この間、地域住民や保護者、町長や議会からは、一貫して「子どもありき」という私たちの思いに深いご理解とともに、「元気で、やさしく、楽しく遊び、考える子」の育成に惜しみないご協力をいただいてきた。

東川町の豊かな大地と水、農産物、地域の人々からたくさんの恩恵を受けて育った園児たちは、さまざまな体験を積みながら丈夫な体と豊かな心を育み、「ふるさと東川」という地域や人に対する郷土愛が培われてきたと自負している。また、幼児センターは、東川っ子のルーツとして、成長した子どもたちが懐かしく思い返し、幼児期に一緒に遊んだ先生たちの笑顔に会うために再び足を運んでみたくなるような「場所」となっている。そして、私の希望でもあるのだが、卒園児が大人になって、自分の子どもや孫を通わせたいと思うような保育施設になればと思っている。

ニーズを実現するために

幼児センターは、基本理念のもと保育所と幼稚園が単純に合築するだけでなく、三歳以上の子どもは混合クラスで施設を共用して同じ保育者と過ごし、九時半〜一三時半は同一カリキュラムで生活をしている。それゆえ、二〇〇三年一一月には「幼保一元化施設」として国から特区の認定を受けている。

ご存じのように、幼稚園の所管省庁は文部科学省で、保育所は厚生労働省と異なっている。東川町でも同じく、幼稚園は教育委員会、保育所は町長部局の保健福祉課であったが、基本理念に基づくとともに小学校との連続性を重視し、所管を教育委員会とした。これによって、施設の共用だけでなく、入退園などの各種手続きや保育料の賦課・徴収などの事務手続も一元化された。

この変革は、保護者にとって大いなるプラスとなる。保護者は、入園の相談や手続きの窓口が一元化されたことで幼児センターにおいてすべての手続きが終了することになり、子育て支援センターに遊びに来たついでに入園相談や手続きができるといった気軽さに喜んでいる。

事務の一元化による最大の効果は、滞納がないことかもしれない。毎日通う幼児センターのことゆえ、互いに顔を知っている職員から「(保育料の納入を) お忘れでありませんか？」と滞納の指摘があると、みなさん速やかに納入してくれる。開園以来、一人の未納者もいないことも一つの自慢である。

前節でも述べられたように、開園時は各保育所・幼稚園ごとにクラスが編成され、保育者も元の施設ごとに担当していたが、翌年四月からは「混合クラス」の「同一カリキュラム」となり、保育者も混合配置となった。当初の大人の予想に反して、子どもたちはすぐさま「短時間型（幼稚園）」と「長時間型（保育所）」という仕組みに馴染んだ。

しかし、運営そのものは、前例が非常に少ないというだけでなく、所管省庁や法令が分かれていることによって複雑な事務処理を余儀なくされた。混乱するなか、保育者たちは試行錯誤を繰り返し、さまざまな葛藤を体験しつつ議論を続けることになった。一方、保護者のほうは、「子どものために」幼保の違いを乗り越えて活気あるＰＴＡ活動を展開してくれた。ただただ、感謝するばかりである。

振り返ってみると、幼児センターの建設構想は、次の二つのニーズを実現するためのスーパービジョンであったと言える。

❶老朽化した保育所と乳児保育など、多様化する保育ニーズへの対応をどうするか。

❷比較的新しい幼稚園においては三年保育を希望する保護者の増加に対して、施設的に難しいという実態があった。

果たした役割

　先に挙げた基本理念の背景には、小学校において「保育所から就学した子どもは行儀がよいが、学習意欲はどうなのか」とか「幼稚園から就学した子どもは伸び伸びと自由だが、学習態度ができていない」など、保育所と幼稚園の出身者で就学時の様子が異なるという点があった。また中学校でも、「小規模校から進学する子どもたちのなかに、大きな集団に馴染めずイジメや不登校になる子どもが目立つ」といったことが、関係者で構成された検討委員会では問題となっていた。

　幼保一元化保育を行うにあたって、国の幼稚園教育要領と保育所保育指針を総合的に勘案した結果、就学時の育ちの姿を想定した、〇歳から五歳まで連続した教育・保育課程を編成することにした。そして現在、教育・保育課程に基づき、子どもの年齢による発達特性、個々の子どもの育ちの特徴などを踏まえて、日々変化する子どもの姿や友達関係などを見取り、家庭とも十分な連携を図って、計画的・意図的に環境を構成する就学前教育を展開している。

　もちろん、教育・保育課程は、子どもや家族状況などの変化に伴い、毎年見直しを行っている。また、多様化するさまざまな保育ニーズ（幼稚園の三歳児就園・乳児保育・長時間保育・障がい児保育など）にこたえるために、施設の整備や運営に努めている。

　町内全域から入園してきた子どもたちは、幼児期をともに過ごしたあと、就学時は町内に点在する四つの小学校へと分散していく。六年間別れ別れになっても、中学校に進学して再び一緒になったとき、旧交を温め合う姿が見られるようになった。小規模校出身者のイジメや不登校の実態が改善しているかどうかの検証は行われていないが、校区に関係なく幼児期以降も子育て家庭の交流が継続している実情を見るかぎり、幼児センターが果たした役割は大きいと言える。

優秀な保育者が定着

開園当時、園児の数は一八〇人で、準備段階での将来の幼年人口の推計は横ばいで少ない、というものであった。また、二八〇名が最大限であろうとも考えられていた。ところが、二〇〇七年ごろになると、町の人口増加と子育て支援の政策という相乗効果によって園児は増加の一途をたどり、最大定員である二八〇名を超過する事態となった。それとともに、不況や家族状況の変化などといった社会的な背景を反映してか、長時間型の園児の増加が顕著となった。なかでも、〇・一・二歳児の増加が著しく、保育スペースの確保が急務となり、二〇一〇年二月、〇・一・二歳児の保育室を増築して、保育環境の改善を図った。

また、非正規職員が多く、女性中心の職場であるため、結婚・妊娠・出産・子育てを理由とする離職者が多いという問題も長年にわたって抱えていた。つまり、優秀な保育者の確保が大きな課題となっていたわけである。これについては、松岡町長の英断によって非正規職員の待遇が見直されることになり、二〇〇八年度より大幅な改善が図られてきた。

同時に、保育者の現任教育（2）などの研修機会を増やす目的で、講師に対する謝礼や研修受講料、また参加旅費についても大幅な増額が予算化されている。その後、非正規職員でも産前産後の休暇や育児休業が取得できるようになり、「出産や子育てで離職しなくてもよい職場環境づくり」が進んだおかげで、二〇一三年度から二年連続で合計五名の正規職員が採用されるに至った。

採用試験に合格した五名のうち二名は、幼児センターで非正規職員として勤務していた保育者である。優秀な保育者の定着が進むことは、子どもと保護者の安心・安全につながる重要事項でもある。言うまでもなく、多くの保護者から大変喜ばれた。

どういうわけか、保育者は生真面目に頑張る傾向

（2）専門職が就職後に現場で受ける指導・教育のこと。

幼児センターに通う園児たち

が強く、「頑張りすぎて、燃え尽き症候群に陥りやすい職種」と指摘する専門家もいるぐらいである。保育者の資質向上と同時に保育者同士が支え合える環境、つまり経験のある保育者や管理職が経験の浅い保育者を支える仕組みや気風を構築し、「子どもが通いたい、保護者が通わせたい、保育者が働きたい・働き甲斐がある幼児センター」をさらに目指していきたい。

教育および保育目標

幼児センターの教育および保育目標は次の四つである。

❶げんきな子（心身の健康）
❷やさしい子（豊かな情操）
❸たのしく遊ぶ子（協同・社会性）
❹かんがえる子（自立・創造）

そして、合い言葉は「わくわく　どきどき　きらきら　あそぼう」となっている。広い敷地内にゆったりとした保育スペースが確保されており、建築様式をはじめとして、遊具、机、椅子にも木製品がたくさん取り入れられた温もりのある施設となっている。

園のなかでは、体全体を柔軟に使うことのできる遊びや、季節を感じることのできる絵画や歌の制作といった活動に取り組んでいる。絵本は、〇歳から朝の会や午睡前、おやつ前、帰りの会といったさまざまな場面で読み聞かせを行っており、子どもたちも大好きな時間となっている。

一方、外には、三歳以上と三歳未満の広い園庭が二つ造成されており、毎日、朝昼夕にたっぷりと外遊びをしている。もちろん、園を取り巻く環境も最大限に活用している。毎日のように、年齢に合わせた距離の散歩に出掛けては、地域に広がる自然や人と触れ合うという体験を行っている。これら以外にも、地域のイベントや行事にも積極的に参加しており、地域の方々の協力を得て園の行事は進められている。

とくに五歳児は、「小１プロブレム」と言われるように、就学時の段差を越えるだけの力を身につけなければならない。そこで園では、地域の人材や場

プールで遊ぶ園児たち

所をさらに活用した「プレスクール事業」と位置づけ、これまで以上の体験活動に取り組んでいる。その内容は、以下に挙げるように多彩なものとなっている。

❶ＮＰＯ法人大雪山自然学校のガイドによるキトウシ森林公園家族旅行村での「四季の自然探検」

❷コンサドーレジュニアの監督やコーチの指導による「サッカー教室」

❸理科教師資格をもつ職員によるサケの飼育と放流の「サケスクール」

❹写真の町課職員による「写真教室」

❺産業振興課職員やボランティアによる野菜栽培の「畑の学校」

❻栄養士やまちの食生活改善推進員とともに料理体験を行う「クッキング」

❼地域おこし協力隊や国際スポーツ交流員の指導に

プレスクール「四季の自然探検」

よる「クロスカントリースキー」

❹の「写真教室」は、「写真の町」東川町にある幼児センターとしては以前から懸案事項となっていたものだが、なかなかスタートさせるだけのきっかけがなかった。しかし、二〇一二年、幼児センターの前事務長が写真の町課へ異動したことから一気に実現の運びとなった。

二〇一四年一月のプレスクールでは、写真の町課に所属している吉里演子さんから、「東川町は『写真のまち』として、写真文化によって町づくりを進めていること、関連イベントのことをはじめとして、カメラの種類やカメラの取り扱い上の注意や操作方法」などを幼児にも分かりやすく話してもらった。

子どもたちの様子はというと興味津々で、話を聞いたあと、実際に小型のデジタルカメラを手にして友達同士で写し合ったり、撮った写真を友達や保育者と見せ合うという姿が見られた。「撮ることが楽しい！」、「友達に撮られるのは恥ずかしいけど、うれしい！」と言う子どもたちの笑顔があふれた楽しいプレスクールとなった。

その後、卒園式が身近になるころ、卒園していく園児の一人ひとりが「幼児センターの大好き」をテーマに保育者と相談しながら撮影することにした。撮影した写真から一枚を選んで大きく引き延ばし、三月の卒園式前から四月の入園式が終わるまで園内に展示し、園児や保護者、来賓などに観覧していただいている。

毎年、子どもたちが撮影した写真は「お友達の笑顔」がいっぱいで、大人が写すのは難しいであろうと感じさせるほど素敵な出来栄えとなっており、子どもたちの絆が感じられる。さすが、「写真の町」東川町で育った子どもたちである。

展示を終えた写真とともに、撮影をした写真もプリントをし、それぞれ卒園児にプレゼントしたところ、しばらくして卒園児の担任から、保護者らが写し合った子どもたちの写真をプレゼントしたり交換しているという話を聞いた。卒園後も写真が媒体となって交流が続いているということを証明する嬉しいニュースであり、今後も、子育て家庭の交流が町内において広く長く続くことを予感させる。

「写真甲子園」でも活躍する子どもたち

ところで、幼児センターの子どもたちは、毎年八月に開催されている写真甲子園でも活躍している。開会式の「エスコートキッズ」として、四歳・五歳の園児が高校生と手をつないで入場行進のお手伝いをしているのだ。サッカーのワールドカップが日韓合同開催となった二〇〇二年、写真の町課の課長から「サッカーのように、写真甲子園の開会式で園児が高校生と手をつないで入場行進できないか」という提案があり、それを反映させたものである。

エスコートキッズは園児を募集する形で実施しているが、毎年、約六〇名の募集に対して定員を超える応募がある。兄弟姉妹で参加する園児、昨年の兄姉に続いて参加する園児、なかには高校生チームがホームステイするホストファミリーの子どもたちもいる。

エスコートキッズとなった園児たちは、会場で行われる「ふれあいタイム」で初めて高校生たちと会う。短時間のふれあいタイムですっかり仲良しになる園児もいれば、初めて会う知らない高校生となかなか打ち解けられないという園児もいる。何となく硬くなっている園児の姿、これはこれで和やかさを醸し出している。

エスコートキッズが定着した近年、高校生も園児と仲良くなるためにプレゼントを用意してくるようになった。写真撮影と同じくらいさまざまな作戦を考えて参加する高校生の姿も微笑ましいが、それにもかかわらず、なかなか園児と仲良くなれずに泣かれてしまうといった場面も見られる。いったいどちらに同情すればいいのかと、横で見ている私たちのほうが戸惑うが、ふと見ると、先に役目の終わった園児がピンチヒッターを務め、無事に開会式は終了している。

これらエスコートキッズには、モモンガのイラストと開催年がプリントされたグリーンのＴシャツが配布され、みんな着用して開会式に参加している。写真甲子園が終わると、園内に同じＴシャツを着た園児がたくさん見られ、「写真甲子園のＴシャツは丈夫で重宝」とか「Ｔシャツが欲しいので参加させたい」と言う保護者もいるぐらいである。

なかには、前年や二年前にエスコートキッズを務めた兄姉のお下がりを着ている園児もいる。職員も、グリーンのTシャツを着た園児を見かけると、「写真甲子園の？」と声を掛けている。声をかけられた園児は、「そうだよ」とか「お兄ちゃんのだよ」とか言って、嬉しそうな笑顔を見せてくる。

写真甲子園の最終日は東川町内での撮影日ということになっており、幼児センターに撮影に訪れる高校生が必ずいる。そして、毎年、園児の遊ぶ姿を撮影した写真が何枚かファイナルステージに登場している。

このような写真は、北海道新聞に掲載されたり、会場に展示されたりするのだが、それを見た保護者から「写真はもらえるの？」という問い合わせがよく入る。そのため、保育者もファイナルの写真をホームページでチェックし、写っている園児の保護者に知らせて、「写真は入手できますよ」と声かけを行っている。

自分の子どもが写った写真がファイナルでエントリーされていることを知らずに、驚かれる保護者もいる。「個人情報」や「肖像権」といった言葉が日本国中で声高に叫ばれているが、ここ東川町では、それを問題視したり拒否したりする保護者は一人もいない。みなさん笑顔で、「作品を観に行きます。写真もお願いしてみます」と喜んでくれている姿を見ると、「写真の町」という名称が浸透していることを実感してしまう。

このようにささやかな取り組みであっても、幼児期から「写真の町」を知ることになり、写真甲子園というビッグイベントに園児がかかわることで保護者や祖父母が関心をさらに示すようになる。これまで以上に日本全国に写真甲子園のことが報道され、高校野球と同じくらい注目が浴びられることを、陰ながら祈っている。

「子どもあるき」を貫き「生きる力」を育成

写真甲子園以外にも、幼児センターの子どもたちには活躍の場が多い。七月の慰霊祭音楽行進、八月の東川神社祭でのお神輿担ぎ、一一月は東川町幼児・児童・生徒音楽の集い、そして一月の「氷まつり」での「スマイルプレート（氷のお皿）作り」など、町のイベントや行事には積極的に参加している。

　町内唯一の保育施設として、地域で開催されるイベントや行事を盛り上げるために一翼を担うという側面もあるが、園児が参加することで地域とのつながりが生まれるのも事実である。また、そ

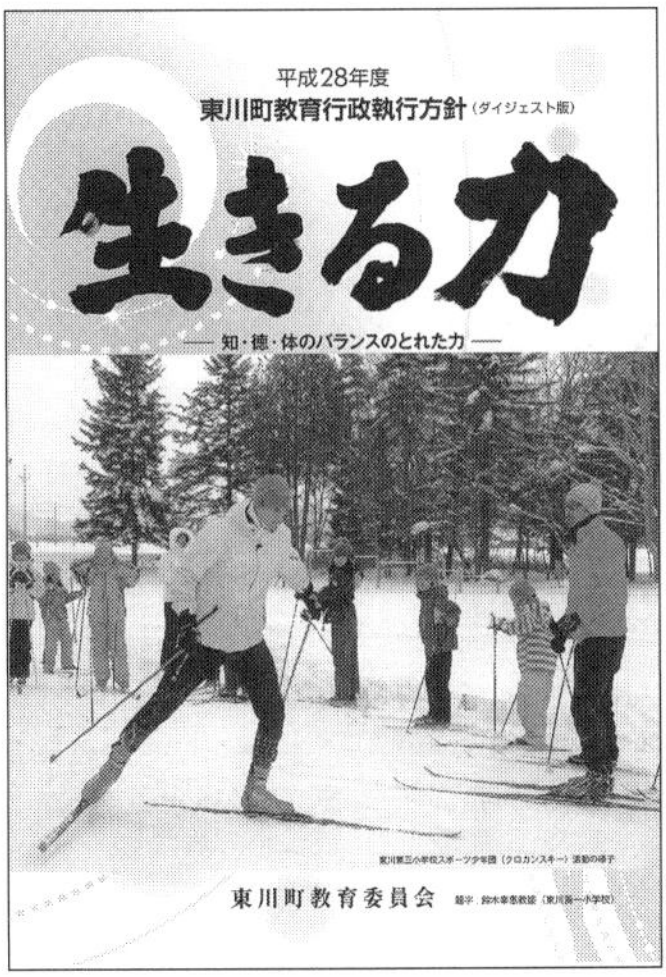

Column　ひがしかわ氷まつり

結婚式場などで見かける「氷彫刻」をご存じだろうか。本町は北海道における発祥の地とも言われている。町内で日本料理店を営んでいた加賀城章（1925～2007）がブロック状の氷を組み、大きな氷彫刻をつくりはじめたのがきっかけで「東川氷土会」が創設され、全国的に氷彫刻が普及した。現在、海外へもその技術指導に出掛けている。

圧巻の氷まつり花火

かつて「雪まつり」と呼ばれていた祭が、氷彫刻と雪像を会場内に製作するようになって「氷まつり」という名称に変わった。他地域の雪祭りより魅力的なものにしようと、熱心な建設業者の実行委員がブラックライトを当てるという光る氷の見せ方を開発し、そのノウハウが42回（2016年３月現在）にわたって受け継がれている。マイナス20度になるという１月の第３週土曜日の夜、約１万人にも上る来場者の目を楽しませている。

「氷まつり」を見学した幼児センターの子どもたち

こに参加することで何らかの学びが期待できるということもある。園児が行事やイベントに参加することで保護者や祖父母の参加を促し、そこから町民意識が育ち、「我が町・東川」といった気運を盛り上げていくことができると考えている。

子どもたちは、「体験」を遊びとして楽しんでいる。そして、学びはその「遊び」のなかに潜んでいる。どのような「体験（遊び）」も、楽しいとか面白いと感じなければ継続するものではない。長く続く「遊び」のなかには、その子どもなりの興味や関心が埋もれているだけでなく、オンリーワンの自分に出会うヒントが隠されている。

思う存分好きな「遊び」を続けた子どもたちは、友達と協働する力を身につけており、どのような環境においても自分を信じて生き抜くだけの力ももち、進んでいく道においてオンリーワンの輝きを放つはずである。

東川町幼児センターは、今後も「子どもありき」を貫き、すべての子どもがさまざまな体験活動を通して遊び込み、健康な心身とともに豊かな情操、共同性・社会性・自立性・創造性を培い、オンリーワンの人生を全うするだけの「生きる力」を育成する保育を、保育者の総力をもって推進していきたい。

Column 自然に学び自分は育つ。自分は育ち自然を残す

（NPO 法人大雪山自然学校　代表理事　荒井一洋）

大雪山自然学校は、子どもを対象とした環境教育、旅行者を対象としたエコツアー、それらを実施する人材育成を主な事業とし、2001年から活動している。2003年からは環境省、上川総合振興局、東川町、企業などと協働し、「利用者による環境保全」をコンセプトにした大雪山国立公園旭岳エリアの管理活動を、2009年からは東川振興公社と協働で「誰もができる森づくり」をコンセプトにキトウシ森林公園での森づくりを行っている。

◆自ら発見したことはできる

森の枯れ枝を集め、五右衛門風呂をたく。ちょうどよい湯加減にするのが風呂係の仕事。「熱い」だの「ぬるすぎ」だと言いながら、初めは極端な温度調整しかできないが、やり方が分かると、「雪玉一つ分」や「薪を２本だけくべる」とか言って加減を身に付けていく。薪は遠くから運んでくる、風呂の水は雪、つまり資源を集めるのは大変なのだ。自ずと、無駄遣いはしなくなる。このことに自ら気付いたり、やり方を発見すると、他の場所でも自分でできるものだ。

大雪山自然学校が目指すのは、これらの活動で一人ひとりの自律的な成長を応援し、自らの成長を支えてくれる環境や地域社会に感謝する心を大切にすることである。多くの人々が主体的に行動を起こし、環境保全や地域社会の維持活動に参画していくことで、持続可能な社会を達成したいと考えている。

厳冬期の五右衛門風呂

第5章

担当：交流促進課

海外交流

東川町で活躍する多彩な外国人スタッフ

1 カナダ・キャンモアとの交流

現在、東川町は二つの都市と姉妹都市提携を結んでいる。一つは、一九八九年に結んだ、カナダのアルバータ州南西部にあるキャンモア（Canmore）である。キャンモアはロッキー山脈の麓に広がるバンフ国立公園の東約二〇キロメートルに位置し、圧倒的なスケールの山岳景観の美しい町で、カナディアンロッキーの新たな観光拠点になっている。

人口は約一万人で、一九八八年のカルガリー・オリンピックでは、クロスカントリースキーとバイアスロンの競技会場にもなった所である。至る所にウォーキングコースやサイクリングコースがあるほか、夏には釣りやゴルフ、乗馬のほか、カヤックなどのウォーターアクティビティも盛んな所である。

アウトドアの楽しめる地として有名なキャンモアだが、以前から、芸術家の間では楽園として知られてもいた。画家、彫刻家、キルト職人、ステンドグラス職人、ミュージシャン、作家、写真家、家具職人、陶芸家、ガラス職人、宝飾職人、鍛冶工、映画監督、俳優、歌手、シェフなど、あらゆる芸術家がキャンモアに住んでいる。当然、ギャラリーや博物館もたくさんある。そのなかの一つ、「キャンモア・ミュージアム＆ジオサイエンス・センター」は、キャンモアの歴史が学べる博物館となっている。

キャンモアの町を観光するには、何と言っても徒歩が一番である。美しい景色を見ながらブラブラと歩き、公園でひと休みしたり、スポーツを楽しむのもよい。そんなコースの一つに「HIGASHIKAWA FRIENDSHIP TRAIL」がある。これは、一九九四年、姉妹都市提携五周年を記念してできた自然散策路である。

一方、東川町には、一九九一年一二月にオープンした「キャンモアスキービレッジ」（毎年一二月上旬から三月上旬まで）がある。かつて「キトウシ国際スキー場」と言っていたが、姉妹都市提携後に現在の名前となった。ここでは、キャンモアスキー学校が開かれているほか、毎年三月上旬、「スノーボード国際カップ in 東川大会」が開催されている。

二〇〇〇年、コーラスグループがキャンモアから来町して、東川町のコーラスグループと公民館で共演して大喝采を浴びたことが深く記憶に残っている。逆に、二〇一〇年には中高生一〇名を東川町からキャンモアに派遣し、語学研修所で学んだほか、バンフ国立公

「HIGASHIKAWA FRIENDSHIP TRAIL」の碑

キャンモアの町並み

園でのハイキングを楽しんでいる。キャンモアの少年少女、そして同時期に訪れていたメキシコから来た研修生と交流を深めた東川町の研修生が帰国して述べた感想は、「自然のスケールがすごく、メキシコ人と友達になれて楽しかった。でも、食事は残念だった」というものであった。

主な交流状況

一九八九年	姉妹提携に関する盟約書に調印。
一九九〇年	親善訪問団（町民一八名）がキャンモア町訪問。
一九九一年	交流を記念し、東川町のキトウシ国際スキー場を「キャンモアスキービレッジ」に改称し、リニューアルオープン。
一九九二年	中高生（一五名）をキャンモア町に派遣。
一九九四年	キャンモア町のボウ川沿いの遊歩道を「ヒガシカワ・フレンドシップ・トレール」と命名。氷土会会員がキャンモアを訪問し、氷彫刻を指導。
一九九五年	友好使節団（町民一七名・中高生一七名）をキャンモア町に派遣。
一九九八年	職員相互派遣事業の実施。（職員各一名派遣）。姉妹提携一〇周年事業として、中高生など一九名、町民一三名をキャンモア町に派遣。
二〇〇〇年	キャンモア町から一二名の訪問団を受け入れ、「インザピンク」のコンサートを実施。
二〇〇一年	中高生など一八名をキャンモア町に派遣。

二〇〇四年	キャンモア町の高校生など五名を東川町に招聘し、東川町内の学校で交流を実施。
二〇〇五年	松岡町長・石上議長他四名がキャンモア町を親善訪問。
二〇〇六年	キャンモア在住の岡本久さんとパム・ドイルさんの写真展を東川町文化ギャラリーで開催。
二〇〇七年	陶芸家であり彫刻家でもあるトニー・ブルームさん一家（キャンモア在住）が来町し、町民と交流。
二〇〇八年	東川第三小学校（高学年）とキャンモア町小学校の児童がインターネットを活用したウェブ会議を開催。
二〇〇九年	姉妹提携二〇周年を記念し、キャンモア町から英語教育指導員を招聘。
二〇一〇年	中高生など一二名をキャンモア町に派遣。姉妹都市交流、観光行政の連携推進のため、職員三名と議員一名をキャンモア町に派遣。
二〇一一年	語学研修のため、職員一名を六か月間キャンモア町に派遣。
二〇一四年	姉妹提携二五周年を記念し、キャンモア町から写真集およびサッカー少年団ユニフォーム贈呈。
二〇一五年	高校生国際交流写真フェスティバルにキャンモア高校生三名と教師一名を招聘。キャンモア高校へ東川高校生二名を派遣。北海道・アルバータ州姉妹提携三五周年記念姉妹都市会議（キャンモア町開催）への出席および行政視察のため、議員二名と職員五名がキャンモア町を訪問。バンフ・マウンテンフィルムフェスティバルへ町民三名、職員一名が参加。

2 ラトビア・ルーイエナとの交流

もう一つの姉妹都市は、バルト三国の一つ、ラトビア共和国のルーイエナ（Rujiena）町である。ルーイエナ町はラトビアの一番北に位置しており、首都のリガからは一五〇キロメートルの所にある。町名の由来は町を流れるルーヤ川とされ、他の地域と比べてラトビア人が多いのが特徴となっている（人口の九五パーセントがラトビア人）。

一九九七年から町全体が北ヴィゼメ生物圏保護区に指定され、美しい自然や風景を守りながら社会的・経済的発展を進めている、人口約六〇〇〇人の町である。主な産業は農業だが、ルーイエナ町にある焼き菓子工房「Liepkalni」と、アイスクリーム会社「Rujienas saldejums」はラトビア国内でとても有名なスイーツ工房となっている。

こんなルーイエナ町とは、毎年、高校生の短期交換交流を行うほか、隔年で町民同士の相互訪問交流を行っている。町に日本語を話せる人が一人もいない所に約一か月間滞在した高校生は、帰国する際にホストファミリーの家族との別れを惜しみ、「まだいたいー！」と後ろ髪を引かれる思いだったという。逆に、ルーイエナ町から来た高校生も、帰国するときにホストファミリーや交流した仲間に「カエリタクナイー！」と涙の別れとなっている。

このような活動の中心施設として、東川町内に「ラトビア館」（井下佳和ラトビア名誉領事が代表）を一九九六年に造っている。ここでは、伝統織物や民族楽器のコアクレ（大正琴のような弦楽器）などラトビアの民芸品をはじめとして、世界遺産となっているリガ旧市街や五年に一回開催される世界最大の音楽祭「歌と踊りの祭典」の写真など多くの資料を展示公開している。

「日本国内のラトビアに関する展示館としては、もっとも充実している」と、ラトビア大使館の書記官は言う。町に来られたときには、是非立ち寄っていただきたい。

一方、ルーイエナ町のギャラリーには東川町の展示室がある。これまでに贈った着物や法被、太鼓、餅つきセット、炊飯ジャー、ひな人形や五月人形、そして木象嵌など東川特産の木工クラフトなどが所狭しと展示されている。初めて訪問する日本人のほとんどがびっくりするという。ラトビア国内で日本のものが展示されてある場所としては、もっとも品数がそろっていると言われている。

ルーイエナ町の風景

東川町にあるラトビア館の前で

二〇〇七年	交流検討委員会を経て、松岡町長、浜辺議長ほか訪問団がルーイエナを訪問。
二〇〇八年	グンティス町長ほかルーイエナ町訪問団二四名が来町し、姉妹都市提携に関する盟約書に調印。
二〇〇九年	訪問団（三五名）がルーイエナ町を訪問。
二〇一〇年	ウナ・ヴォルコヴァ（ラトビア人）が国際交流員として東川に赴任。東川―ルーイエナ姉妹都市交流写真展開催。福祉のまちづくり北欧視察として、町長、議長ら四名がルーイエナ町を訪問。
二〇一一年	ルーイエナ町訪問団一四名が来町し、日本語研修や日本文化を体験。旭川市国際交流センターオープニングイベント（フィール旭川）でラトビア共和国を紹介。保育教育関係職員（六名）がルーイエナ町を訪問。
二〇一二年	在日本ラトビア国ヴァイヴァルス大使が「SEA TO SUMMIT」（二一九ページ参照）に参加。

ルーイエナ町で餅つき

	合宿の里づくり、エコエネルギーに関する欧州視察団（二〇名）がルーイエナを訪問。ルーイエナ町高校生二名が来町し、日本語研修や日本文化を体験。東川高校生二名をルーイエナ町に派遣。『ラトヴィア民話集』（二〇三ページ参照）を発行。
二〇一三年	ルーイエナ町高校生四名が来町し、日本語研修や日本文化を体験。ルーイエナ町訪問団二〇名が来町し、姉妹提携五周年記念事業を実施。絵本『ラトヴィアのおはなし』（二〇二ページ参照）を発行。東川高校および東川町在住の高校生四名をルーイエナ町に派遣。
二〇一四年	ルーイエナ町の高校生四名が来町し、日本語研修や日本文化を体験。町民訪問団（二三名）がルーイエナ町を訪問。ラトビアからクリスタ・ボグダノヴァが国際交流員として東川町に赴任。東川高校および東川町在住の高校生四名をルーイエナ町に派遣。
二〇一五年	ラトビアの民話をもとにした絵本『鹿姫ものがたり』を発行。ルーイエナ町高校生四名が来町し、日本語研修や日本文化を体験。東川高校および東川町在住の高校生五名をルーイエナ町へ派遣。

3 韓国との交流

姉妹都市提携ではないが、韓国には文化交流協定を結んでいる「寧越郡《ヨンウォル》」と「長水郡《チャンス》」がある。寧越郡とは写真文化やサッカー少年団の交流を行い、長水郡とは職員の相互交流や日本語を学ぶ高校生の短期留学の受け入れなどを行っている。

寧越郡は、二〇一八年冬季オリンピックの開催予定地である「平昌《ピョンチャン》」の近くにあり、ソウルから約一七〇キロメートルという韓国の中部に位置している人口約四万人（二〇一四年現在）の町である。ユネスコの世界文化遺産に登録されている荘陵《チャンルン》など数多くの歴史遺産のほか景勝地が多く、東江という川が流れる美しい町でもある。主な産業は観光で、韓国唯一の「屋根なき博物館の町」特区に指定されており（博物館二四か所）、国内外から年間二五〇万人を超える観光客が訪れている。

このような地理的環境が理由か、二〇〇一年に「写真の郡」を宣言し、同年より「東江写真フェスティバル」を開催している。これがきっかけとなり、二〇〇八年より東川町との交流がはじまり、子どもから大人までさまざまな交流がもたれてきた。そして、二〇一〇年一一月には文化交流協定が締結された。

二〇一二年八月、寧越郡《ヨンウォル》からサッカー少年団を招いてのサッカー交流が印象深い。最初はお互いにぎこちない関係だったのが、二日間ともに過ごすと言葉を必要としない関係になり、トランプをしたりお互いに肩を組んで記念写真を撮るといった光景が見られた。

一方、長水郡《チャンス》は韓牛とりんごの町として有名で、韓国南部地域全体で一戸当たりの農家所得がトップである。東川町から訪問すると、必ず「これでもか」というぐらい焼き肉でもてなしてくれる。また、毎年秋には「韓牛とりんご祭り」が開催されており、約二万人が訪れているという。

交流のきっかけは、二〇一二年に全国市道知事協議会と韓国の自治体との交流事業で、町の職員が半年間にわたって長水郡庁に派遣されたことである。派遣期間中、松岡町長が長水を訪れ、韓牛とりんご祭りに参加し、二か月後には、郡守（市長）が東川町を訪問した。その後も、シイタケ栽培の研修で長水郡の職員が東川町を訪れている。現在は、毎年七月に東川町立東川日本語学校に研修生として高校生六～一〇名を受け入れている。

寧越郡の風景

長水郡の風景

主な交流状況（寧越郡）

一九九五年	第一一回東川賞〈海外作家賞〉（第3章参照）を大韓民国の金秀男《キム・スーナム》さんが受賞。この年のゲストとして来町した金升坤《キム・スンコン》さん（日大卒、順天堂大教授などを歴任、一九九五年、二〇〇五年ゲスト）が中心となって、東川町国際写真フェスティバルを参考に韓国でも写真祭を計画。
二〇〇一年	寧越郡が韓国初の「写真の郡」を宣言し、翌年から「東江写真フェスティバル」を開催。
二〇〇八年	寧越郡の東江写真博物館のジョン・スンウ学芸員ほか二名が来町。
二〇〇九年	東川町より浜辺議長、長原副町長など一行一〇名が水原市、寧越郡を訪問。寧越郡副郡守、議長など一行五名が来町。
二〇一〇年	寧越郡副郡守ほか一行五名が来町。一一月、文化交流協定を締結。
二〇一一年	東川町より松岡町長、浜辺議長など一行六名が寧越郡を訪問。

松岡町長ら６名が寧越郡を訪問（2011年10月）

二〇一二年	東川町より韓国交流協会員含む二五名が寧越郡を訪問。寧越郡サッカー少年団員二〇名を招聘し、交流試合を行う。
二〇一三年	東川町サッカー少年団員一四名を派遣し、交流試合を行う。

主な交流状況（長水郡）

二〇一二年	外国地方公務員招待事業（Ｋ２Ｈプログラム）により長水郡へ職員一人を派遣。松岡町長、浜辺議長、職員二名が長水郡を訪問。長水郡守他九名が来町。長水郡の職員二名が約二週間東川町に滞在し、シイタケ栽培などの農業研修を実施。
二〇一三年	東川町より林教育長、職員三名が長水郡を訪問し、友好交流協定を締結。長水郡高校生六名が来町し、日本語研修や日本文化を体験。長水郡郡守ほか六名が来町。松岡町長、米田副議長ほか七名が長水郡を訪問。
二〇一四年	自治体職員協力事業により、長水郡から職員一名が東川町に派遣される。長水郡高校生六名が来町し、日本語研修や日本文化を体験。松岡町長ら五名が長水郡を訪問。
二〇一五年	樽井ＪＡ組合長、長原副町長、農業者ら一二名が、産業視察で長水郡を訪問。職員四名が長水郡を訪問。長水郡から郡守ほか一六名が農業視察研修で来町。

4 草の根交流――北海道東川ラトビア交流協会

このような海外交流がなぜ続いているのか、現在に至る経緯を以下で述べていきたい。

北海タイムス社が一九九二年に企画した「新しい北の仲間　バルト展」が縁となって、国際的な音楽家であり、文化大臣でもあるライモンズ・パウルズ（Raimonds Pauls, 1936〜）さんの日本初となるコンサートが東川町で開かれた。それに対するお礼の気持ちを込めて、首都リガ（Riga）にあった「日本語夜間初等学校」へ、町民が教科書や辞書を集めて送るという草の根交流から東川町とラトビアの交流ははじまっている。

ラトビア、リトアニア、エストニアのバルト三国独立は、世界に衝撃を与えた。向かってくるソ連（当時）の戦車に人々は手をつなぎ、歌いながら立ち向かったのだ。一九九一年、国境を越えてつながった「人間の鎖」によって武器を持たない平和な革命が達成され、三か国の独立はやがてソビエト連邦共和国の崩壊へと進んでいった。

北海タイムス社は、一九九二年、世界史上これまでになかった稀有な出来事と、独立直後の三か国を紹介しようと独自取材を続けるとともに長期にわたって連載記事を掲載した。さらに、一〇月から一一月にかけて、札幌と旭川で「新しい北の仲間　バルト展」を開催するとともに、東

人間の鎖（撮影：Aivars Liepiņš）（出典：黒沢歩『木漏れ日のラトヴィア』125ページ）

川町では写真家グナース・ヤナイティス（Gunārs Janaitis）さんの「写真で見る現代史　ラトビアの夜明け」という写真展を開催することになった。

実は、旭川の「バルト展」の会場には、三か国の特徴的な民族衣装、文化的資料、生活道具などが数多く展示されたわけだが、「人間の鎖」をとらえた独立の写真を紹介するスペースがなかった。そのため、写真展を切り離して、東川町の写真ギャラリーで開催することとなったのだ。これが、東川町にとっては幸運となった。

北海タイムス社は、三か国を代表するゲストとして、前述したライモンズ・パウルズさんを北海道に招いた。パウルズさんは、『百万本のバラ』の作曲で知られる国際的な作曲家、ピアニスト、音楽監督である。ご存じのとおり、この歌は加藤登紀子さんが歌って日本でも大ヒットした曲である。それがゆえに、札幌の会場では加藤登紀子さんとの共演も実現した。一方、東川町では、ちょうど秋の文化祭であったことから、先に述べたようにパウルズさんの日本初コンサートが実現した。

『百万本のバラ』は、ロシア語の歌詞からの翻訳によって世界各国でヒットしたわけだが、元歌はラトビア語の『マーラが与えた人生』である。「女神のマーラは、命を与えてくれたが、幸せをくれるのを忘れたという悲劇的な国の歴史を歌っている」と、パウルズさんはコンサート会場で町民に向かって語ったという。

「バルト展」では、リガのアパート地階にあった「日本語夜間初等学校」に通う子どもたちの日本語作文も展示されていた。これを見た東川町の役場職員が、「ライモンズ文化大臣が日本初のピアノコンサートを東川で開いてくれたお礼に、この夜間学校へ教材を贈ろう」と発案し、町民に呼びかけて「ラトビア交流ボランティアの会」（村山尚美会長）が結成され、教科書、辞書、文房具を集めて船便で送った。これが、草の根交流のはじまりである。

この夜間学校を開設したブリギッタ・クルーミニャ女史は、独立運動がはじまると、これからのラトビアには戦後の経済成長を遂げた平和国家日本との交流が必要になると思い立ったという。そして、独学で習得した日本

(1)　一九〇一年から一九九八年まで札幌市、旭川市を中心に北海道全域で発行されていた地方新聞。

日本初となるライモンズ・パウルスの東川コンサート

語を子どもたちに学ばせるための教室をアパート地階に手づくりした。文化大臣の東川町への訪町、町から夜間学校への支援などが重なって、夜間学校は国の支援を受ける「日本語学校」へと充実していった。

ブリギッタ女史は、ドキュメンタリー映画監督、写真家としても知られており、ラトビアの文化関係に人脈を広くもっていたことから、東川町との交流においてはラトビアで活躍する写真家、画家、彫刻家、音楽家などさまざまな文化人を紹介し、交流の輪を広げることになった。

圧巻だったのは、一九九四年、東川町に招かれたブリギッタ女史が第一小学校で聴いた羽衣太鼓に感動したことだ。その感動がゆえに、羽衣太鼓ジュニアを一九九五年の「ラトビア生徒による歌と踊りのフェスティバル」に招待するという大事業につながった。

小学六年生から中学二年生までのメンバー一〇人、それに付き添いの父母と町民という総勢二二人（青木哲也団

バウスカ城跡で演奏する羽衣太鼓ジュニア

長）が、大きな和太鼓を国際便の手荷物として持ち込んでラトビアへ渡った。世界二〇か国から参加した音楽と踊りの祭典で、羽衣太鼓ジュニアは喝采を浴び、古都の城塞跡や有名な教会などといった所で太鼓を響かせた。

このような草の根交流は、役場職員の熱心な応援と補助金探しが功を奏して、連鎖反応のように次々とつながっていった。ヨーロッパで活躍するラトビアの音楽一家「スクリデ三姉妹」(2)を二度にわたって招聘したほか、道内での演奏だけでなく、リガの姉妹都市である神戸市でのコンサートやテレビ朝日で放送されている『題名のない音楽会』への出演も仕掛けている。

このほか、旭川空港ロータリークラブの支援のもと、「日本語学校」から女子生徒三名を東川高校へ留学させたというのもある。このように、交流が盛んになるのにあわせて、二〇〇〇年、ボランティアの会を「北海道東川ラトビア交流協会」（佐藤忠雄初代会長）と改称することにした。交流が深まるなか、グンティス・ウルマニス(3)元大統領との関係も深まっていった。それが理由で、世界各国で翻訳されている写真集『愛される大地ラトヴィア』の日本語版を交流協会が引き

（2）「ラトビアの天使」とも呼ばれている。長女のリンダ・スクリデ（Linda Skride, 1978〜）がヴィオラを、次女のバイバ（Baiba, 1981〜）がヴァイオリンを、三女のラウマ（Laum, 1982〜）がピアノを演奏している。日本でのコンサートも多い。

（3）（Guntis Ulmanis）独立後の初代大統領で、一九九一年から一九九九年まで。

受けて発行することになった。この本は、ラトビア全土を写真と解説文で紹介したものである。

交流協会の副会長を務めていた飛彈野一重さんらが中心になって翻訳をし、監修を『木漏れ日のラトヴィア』（新評論、二〇〇四年）や『ラトヴィアの蒼い風』（新評論、二〇〇七年）を著している黒澤歩さんにお願いし、二〇〇二年に発行している。一般的な書籍流通には乗っていないので、ご覧になった人は少ないと思う。もし、ご興味のある方がいらっしゃれば、役場のほうにお問い合わせをしていただきたい。

また、翌年の二〇〇三年には、リガで伝統的に開催されている国際先住民族の祭典「バルディガ２００３」に、旭川チカップニアイヌ民族文化保存会のメンバー一〇人を派遣したという実績もある。帰国後、会長の川村兼一さんが菅原功一旭川市長（当時）宛に書いた手紙の一部を紹介しておこう。

「（前略）保存会のメンバー九人、記録係兼添乗員一人、通訳として一橋大学留学中のラトビア大学生一人の総勢一一人が七月七日から九日間の日程で、非常に実りの多いフェスティバル体験をしてまいりました。世界一二カ国から一六の民族が参加。首都リガで大パレードをしたのをはじめ、固有の伝統儀式、カラフルな民族衣装に彩られた歌舞、太鼓や口琴による楽器演奏などが披露され、盛りだくさんの祭典イベントとなりました。中でも旭川の一行はアジアから初めての参加、最も遠い国からの参加ということもあって最大の歓迎を受け、マスコミで大々的に紹介され、各地でサイン攻めにあいました。（中略）

少数民族とはいえ、各国では幼児から古老まで同じ民族衣装に身を固め、民族の誇りを持って堂々と伝統音楽を奏で、伝統舞踊を華麗に舞い、後継者がしっかりと育っていたことが胸に深く焼きつきました。アイヌ文化もこれから一層大切に伝承し、後継者をしっかり育てていかなければならないという思いを強くした次第です。（後略）」

紙幅の関係で詳しく紹介することはできないが、ラトビアの新聞で大々的にアイヌ民族が紹介されたことだけ述べておく。また、川村兼一さんについては、四二ページに掲載したコラムも参照していただきたい。

交流の度、成果を記録する「報告書」を編集してきたのも東川町における特徴の一つと言える。そこには、交流にかかわった人たちだけではなく、歌手加藤登紀子さん、写真家芳賀日出男さん、ピアニスト久元祐子さん、初代駐ラトビア大使藤井威さん、同臨時大使安細和彦さんらラトビアと関係のある全国各地の人たちからも投稿していただき、賑やかな内容のものとなっている。

これまでに発行した報告書は、「首都リガ訪問記　国立日本語学校の友情」「響　ラトビアの空へ　東川町郷土芸能羽衣太鼓ジュニア訪問記」「音楽は国境を越えて　ラトビア共和国スクリデ一家道内コンサート報告記」「ラトビアの空から飛んで来たMEITAたち　ラトビアの女子留学生、東川に学ぶ」の四冊であるが、それまで国内では行われていなかったラトビア文化の発信という面においては先覚的な役割を果たしている。

何事においても積み重ねが重要である。駐日ラトビア大使館開設準備の際、担当していた日本人スタッフから、「案内状を差し上げる相手先などを教えてください」という問い合わせまでが東川ラトビア交流協会に来ている。また、初代駐日ラトビア全権大使のペーテリス・ヴァイヴァリス（Peteris Vaivars, 1963〜）さんが天皇陛下に謁見した直後、真っ先に東川町まで来られて、大使のふるさとであるルーイエナ町との姉妹都市提携へと結び付いていった。その調印式は、二〇〇八年七月一七日に東川町役場において行われた。

人口一万人にも満たない地方の町が、ルーイエナ町をはじめとしてラトビアという国との交流を続けている。先の年表にも記したとおり、近年においてもその活動はより活発になっている。なかでも、東川町が発行した二冊の本、『ラトヴィア民話集』（和爾桃子訳、二〇一二年）と『ラトヴィアのおはなし』（文・服部光平／和爾桃子訳、二〇一四年）については力説したい。先に挙げた報告書とは違って、これらは販売を目的としてつくったものである。類書が少ないということもあるのだろう、おかげさまで版を重ねるほど好評を得ている。

5　日本語留学生の受け入れ

東川町では、二〇〇九年から短期日本語研修事業（一～三か月）を主催している。文字どおり、海外から日本語を学ぶ短期留学生を受け入れているわけだが、これまでに、韓国・中国・台湾・タイ・ベトナム・インドネシア・ラトビア・ウズベキスタンなどから約一五〇〇名（二〇一五年三月末）という実績がある。

このスタートは、一九八九年にさかのぼる。当時、数年間にわたって町内に立地する学校法人北工学園北海道情報処理専門学校（当時）が韓国から留学生を受け入れていた。その学生キム・

ジョンソンさんが社会人となって二〇〇七年に再び東川町を訪れた際、少子化が理由で学生や若者が少なくなった町の状態を見て、「もし、日本語を教える講座があれば、韓国の若者を連れてきます」と松岡町長に打診した。この言葉によって、町が主催する形で日本語講座を開設することにし、二〇〇九年から韓国の学生の受け入れを開始したわけである。

翌年の二〇一〇年からは台湾、二〇一一年からは中国からも学生を受け入れるようになり、一六か国から受け入れるようになっている。そして、二〇一五年一〇月より、「東川町立東川日本語学校」（二二九ページから参照）にて授業を行っている。一時期、少子化が理由で学生数が減り、学校運営が大変なときもあったが、二〇一四年から日本語学科を開設し、「一年三か月コース」と「一年六か月コース」という二つのコースを設けたところ、受け入れのピーク時には約一二〇名にも上った。

留学生には日本文化研修も行っている。町民指導者の協力によって行われている茶道・陶芸・日本料理・日本舞踊などの教室があるほか、旭岳や旭山動物園での地域研修や、札幌・小樽方面への研修旅行にも行っており、単に日本語を学ぶだけではなく、日本文化や日本事情についても知識を深めている。

日常生活では、スーパーなどでの買い物において町民が留学生を助けたり、レジカウンターで釣り銭の確認をするなどといった姿もよく見かけられる。とくに夕刻、中心市街地を歩くと必ずと言っていいほど買物をする留学生に出会うことから、町全体が元気になったようにも感じられる。留学生の受け入れが地域活性化に一役買っている、というのが人口約八〇〇〇人という東川町の姿である。

国別に見ると、台湾からの留学生がもっとも多く、六年間で六〇〇名を超える勢いとなっている。二〇一三年一二月には台北で留学生の同窓会が開催され、東川町からも町長や日本語教師など三〇名以上が出席したが、そのとき、集まった元留学生の発案によって「台湾東川会」が発足している。日本語教師たちは引っ張りだことなり、台北周辺の案内をはじめとして昼食会・夕食会にまで招待されるなど大歓待を受けたうえに、帰国時にお土産をどっさりといただいたという。

二〇一四年度の留学生のべ宿泊数は五万五〇〇〇泊を上回っており、彼らによる経済効果は予想以上に大きいと言える。韓国の元留学生の一言からはじまった日本語研修事

台湾同窓会で友情のケーキカット（2013年12月）

業であるが、経済効果よりも素晴らしい効果を町にもたらしている。ベトナムの学生がシニアクラブの芸能発表会に出演し、美しい民族衣装を着て踊りを披露して拍手喝采を浴びたり、学校帰りに田畑で働くおばあさんを手伝ったりという心温まる交流が見られるようになった。日本人ですら知らないであろう北海道の小さな町で、海外交流が活発に行われているのである。それは、留学生が言う次の言葉によって証明されている。

「まちや景色がキレイ、食べ物がオイシイ、人がシンセツ」

このように多方面において成功を遂げた短期日本語研修事業をふまえて、二〇一五年秋からはさらに発展させることを目的として、前述の「東川町立東川日本語学校」を開設することにした。

語学研修は、受け入れる留学生だけではない。東川町の若手職員には、毎年、カナダアルバータ州のカルガリー大学短期語学研修コースや、韓国長水郡《チャンス》との人事交流、中国などで短期語学研修に参加できる制度がある。それぞれ毎年二人と、受け入れる人数に比べると少ないが、町としては大きな成果を上げている。二〇一三年、カルガリー大学の研修に参加した交流促進課の柳澤奨一郎は次のように言っている。

「大変有意義な研修でした。お陰さまで、英語が苦手な僕でも簡単な日常会話ができるようになりました。でも、使わないとすぐに忘れてしまうものです。二〇一四年に出張でミャンマーに行ったとき、英語で意思疎通ができたことがとてもうれしかったです」

6 高校生国際交流写真フェスティバル

写真文化首都を宣言した「写真の町」東川町は、写真を通じて世界の高校生と出会い、友情を深めようと、新たに「高校生国際交流写真フェスティバル」（URL：http://i-hsspf-e.hik.ne.jp）を二〇一五年からはじめることにした。同時期に開催される「写真甲子園」（第3章参照）が火花を散らす熾烈な競い合いになっているのに対し、「国際交流」のほうは、文字どおり世界各国の若者たちの友情・交流を深めることを目的としている。

一九八五年にされた「写真の町宣言」には、「この恵まれた大地に、世界の人々に開かれた町、心のこもった〝写真映りのよい〟町の創造をめざします。そして、今、ここに、世界に向け、東川『写真の町』誕生を宣言します」とある。この時点で、すでに世界に向けて高らかに発信していたことが分かる。それから三〇年の時を経て「写真文化首都」を宣言したわけだが、宣言の目的として「『写す、残す、伝える』心を大切にした写真文化の中心地として、写真と世界の人々を繋ぐこと」と明記されている。

さらに宣言文には、「この小さな町」で、世界中の写真に出逢えるように、世界中の人々と触れ合えるように、世界中の笑顔が溢れるように、と三つの「世界中」を冠した取り組みが挙げられており、その一つとして「写真文化を通じた若者の交流」を掲げている。これを具体化したのが「高校生国際交流写真フェスティバル」（以下、フェスティバル）である。

「世界中」だからといって、すべての国に呼びかけているわけではない。初回は、東川町とゆかりの深い一〇か国（地域）および国内からも高校生を招いた。東川町と姉妹都市を結んでいるキャンモア町（カナダ）、ルーイエナ町（ラトビア）や、文化交流協定を結んでいる寧越郡《ヨンウォル》（韓国）をはじめとして、交流促進課で活躍している国際交流員の出身国、あるいは東川の日本語学校に留学生を送っている国など、何らかの形で「縁」のある北京（中国）、台北（台湾）、チェンマイ（タイ）、ハノイ（ベトナム）、タシュケント（ウズベキスタン）、ジャカルタ（インドネシア）、キャンベラ（オーストラリア）である。

初回のフェスティバル賞の審査員の一人であるアメリカのミシャ・アーウイット（Misha Erwitt）さんとのご縁で、二〇一六年からはニューヨークを加えることになっている。二回目にして、すでに広がる機運が見受けられる。

フェスティバルに参加するのは、各国（地域）の三名の高校生（日本の高校と同程度の教育機関）からなるチームと担当の先生が一人。最寄りの国際空港から日本（東川町）までの交通費と、宿泊費は主催者である「高校生国際交流写真フェスティバル実行委員会」が負担している。

憧れの日本に行けると胸躍らせる高校生も多いだろうが、写真文化首都「写真の町」東川町は、あくまでも写真を審査したうえで代表を選抜している。「自分の町の自慢できるもの」をテーマに、六枚の組み写真を五月二〇日一七時までに送ってもらうことになっている。これが最初の関門となる。世界中がネットでつながっている現在、応募作品はすべてメールで届く。もちろん、小さな町である東川町がさまざまな情報を発信できるのもインターネットのおかげである。

二〇一五年、第一回フェスティバルに参加できた名誉ある一〇チームの高校生たちは、ほとんどが「日本は初めて」であった。八月四日、キトウシ高原ホテルに到着後、チームごとに自己紹介がはじまった。さまざまな言語が飛び交うのだが、東川町内で活躍している国際交流員、インターンシップ学生、東川町立東川日本語学校の留学生、地域おこし協力隊らで通訳は十分事足りる。さまざまな国の外国人が誇りをもって暮らしている「インターナショナル・タウン」だからこそ開催できるフェスティバルと言える。

通訳を担当した東川町在住の外国人たちは、自己紹介、チーム紹介のときだけの役割ではない。大会期間中、各チームにぴったり寄り添い、エスコートし、海外からやって来た高校生に、日本の文化や東川町での暮らしをしっかり伝えた。

最初は緊張していた高校生だが、すぐにフレンドシップを発揮しはじめた。温泉に馴染みのなかった高校生も多かったが、ホテルの温泉が「すっかり好きになった」と大はしゃぎとなった。

また、大雪旭岳源水の豊富な湧水に驚くとともに、東川町の水の美味しさを十分に堪能していた。

写真甲子園と同じく、フェスティバルでも撮影テーマが与えられている。初日は「東川の人」、二日目はロープウエイで姿見の駅まで上がっての「東川の自然」、そして最終日は、「どんとこい祭り」に合わせての「東川のお祭り」となっている。

撮影が終わると、毎日、撮影した写真をパソコンでセレクトして六枚の組み写真に仕上げてタイトルを付ける。こちらも写真甲子園と同じである。各チームとも慣れない「締め切り時間」に悪戦苦闘していた様子が、いかにも外国の高校生らしい。

表彰式と閉会式の会場となった旭川福祉専門学校の南雲景正校長は、閉会式の挨拶で「東川町での短い滞在でしたが、この思い出を持ち帰り、東川町にまた帰ってきてほしい」と呼びかけた。そして、審査員の一人であるジュリア・ダーキン（Julia Durkin）さん（ニュージーランド）は、プロの写真家らしい次のようなコメントをした。

世界に伝える「友情・平和の輪」

「写真を撮ることを、友達をつくる国際言語として使いながら、これからの未来に生かしてほしい」

最後の夜に開かれた交流会では、それぞれのＴシャツに寄せ書きをしたり、さまざまなパフォーマンスが繰り広げられた。そして、バーベキューを楽しんでいるとき、突然『マイムマイム』の曲が流れ出した。誰が言うともなく踊り出した高校生たち、その笑顔の輪がすぐに大きくなった。裏方で奔走していた交流促進課主任の大角猛は、「世界各国の高校生たちが一つにつながった瞬間を確信した」と振り返って言う。その表情を見ると、そのときの感動がよみがえってきたようで、目頭が熱くなっていた。

六日間にわたって一緒に過ごしてきた仲間たちともお別れとなる解散式、最後まで握手やハグするなど別れを惜しむシーンが続いた。海外から参加した一〇か国（地域）の若者たちに、東川町での写真を通じた国際交流が強く焼きついたことであろ

Ｔシャツに各国語で名前を書き残す

う。三〇名の高校生が帰国して日本と日本の文化を語るとき、それは東川町の文化であり、東川町の人たちであり、東川町の自然のことになるだろう。各国の若い世代が、「東川町」という町を世界に広めていく発信力となっていく。その「凄さ」を体感できるのが「高校生国際交流フェスティバル」と言える。

7 東アジア地域との交流

留学生を受け入れることで海外交流が豊かになったことに刺激を受けて、東川町は二〇一二年に「東川町東アジア地域交流促進協議会」を組織し、中国・韓国・台湾・タイなどといった発展著しい東アジアの活力を町に取り込むために活動を開始した。各国にアドバイザー（全一一名で、うち一〇名が現地の人）を置き、毎年、東川町においてアドバイザー会議を開いている。

初会合となった二〇一二年六月九日には、中国から二人、台湾・韓国からそれぞれ三人の計八人のアドバイザーが出席し、役場において意見交換が行われた。その主だった声を紹介しておこう。

「東川の環境はすばらしく積極的に地元の若者を送りたい」（中国・ハルビン市の職業訓練校の

校長）

「（東川の切り干し大根などを）早速、上海で売りたい。東川のイメージを乗せた商品を売り込むべきだ」（中国・上海の加工会社社長）

「最近、町内にできたおしゃれな店などを入れた東川町のモデル観光コースをつくってほしい」（韓国・水原の外国語学院院長）

「アドバイザーと協議会、町民らがネット上で意見交換できる仕組みをつくれないか」（台湾の現地企業社長）

　このように、各国でのPRに必要なことに関してアドバイスを受け、日本語留学生の募集や東川町の観光・物産のPR、文化交流などを行ってもらっている。一例として、台湾合唱団や台湾小学生バンドとの音楽交流などがある。

　アドバイザーのなかには東川町が大変気に入

東アジア交流促進協議会

留学生集めへ知恵絞る

東川　アドバイザーが初会合

東川をアジアに売り込むために委嘱された8人のアドバイザー

【東川】町内の専門学校に来春開設される道内初の全寮制日本語学科に優秀な留学生を呼び込み、観光客誘致や物産品の海外売り込みも行う、町東アジア地域交流促進協議会アドバイザーの初会合が9日、役場で開かれた。中国2人、台湾3人、韓国3人の計8人のアドバイザーらが顔合わせし意見交換した。

（太田一郎）

　協議会は、町と町教委、観光協会などで構成。アドバイザーに年20万円の謝礼や成功報酬を払って海外で活動してもらう。会合ではアドバイザーに委嘱状や特別町民書を交付した。

　意見交換では、中国・ハルビン市の職業訓練校の賀業祥校長は「東川の環境はすばらしく積極的に地元の若者を送りたい」と強調。道産魚介類を上海で加工販売する会社の呉奇代表は、東川の切り干し大根などを挙げ「早速、上海で売りたい。東川のイメージを乗せた商品を売り込むべきだ」と訴えた。

　一方、過去3年間で約180人の短期日本語研修生を東川に送った韓国・水原の外国語学院の金廷宣院長は「最近、町内にできたおしゃれな店などを入れた東川町内のモデル観光コースをつくってほしい」と要望。同じく台湾から研修生を送り込む現地企業の富田恭敏社長は「アドバイザーと協議会、町民らがネット上で意見交換できる仕組みをつくれないか」などと提案した。

　日本語学科は、近く留学生募集を開始。アドバイザーは活動を本格化させ、会合は年1、2回開く予定。

北海道新聞（2012年６月10日付）

り、町内で結婚式を挙げた人もいる。また、町民を対象に中国粥の講習会を開いてくれるなど民間交流が深まっている。これら多くの交流実績があることから、タイの副首相や教育副大臣などの一行やベトナムの公安省副大臣をはじめとして、各国大使の訪問を受けるなど積極的な海外交流が現在進んでいる。

ここまで述べてきた国際交流の数々、これだけでも十分自慢できると自負しているが、まだまだ「凄い」プロジェクトを東川町は展開している。その模様を、北工学園のスタッフである川野恵子さんから報告してもらう。過酷な訓練（?）とともに、楽しさを味わっていただきたい。

8 東川町国際選手村アスリート育成・日本語教育プロジェクト

（川野恵子）

東川町が長年にわたって積み重ねてきた国際交流をさらに発展させるために進められている表題のプロジェクトである。東川町には国内有数の旭岳クロスカントリースキーコースがあり、毎年、日本を代表する多数の選手が合宿訓練に訪れており、そのなかから数々のメダリストも誕生している。こうした環境を背景として町は、「学校法人北工学園旭川福祉専門学校」や「東川町立東川日本語学校」の協力のもとスポーツ特待生制度を導入し、スポーツを通じてフェアな精神やルールの遵守を学ぶとともに、雪のない国からクロスカントリースキー競技でのオリンピック出場選手の育成を開始した。

　オリンピックへの参加は、自国の名声を高めるだけでなく、国際社会のパートナーとして経済発展にもつながる。何よりも、自国のレガシィーをつくることになり、夢に挑戦する青年を支援することによって相手国の未来にも投資することになる。

プロジェクト始動

二〇一四年一〇月、タイから選抜された三名の留学生が旭川福祉専門学校の日本語学科に入学し、アスリート育成プログラムが本格的に動き出した。なぜタイなのか、これについてまず説明をしておこう。

　二〇一三年二月、旭川市と富良野市へタイからの研修視察団が来訪された。研修計画のなかで、タイ側から日本語研修を要望されたのだが、研修施設のない旭川市が短期日本語研修の実績がある東川町に受け入れを依頼し、町内での研修が実現している。これが契機となり、短期研修生の受け入れ国を増やしたい東川町と日本語学科を開設したばかりの学校法人北工学園がタイアップし、同年六月にタイを表敬訪問した。その際に会談に応じてくれたのが、当時の副首相を務めていたポンテープさんである。

若者の教育に関心の高かったポンテープさんは東川町からの訪問を大変喜ばれ、二か月後の八月二二日には文部副大臣を伴って東川町を訪問され、旭川福祉専門学校をはじめとする教育および各種施設を視察している。東川町の行動力もすごいが、タイ側の対応の早さにも目を見張るものがあった。ポンテープさんは東川町の環境のよさを大変気に入り、タイから留学生を継続的に送りたいという意向を伝えた。それ以後、各期に学生が入学を果たすようになり現在に至っている。

さて、話をプロジェクトに戻そう。

二〇一五年の一月、グランドにほどよく雪が積もり、クロスカントリースキーの基礎練習をはじめて数日が経過したある日、タイの学生と同期入学した台湾の野球特待生一名が「クロスカントリースキーを体験したい」とグランドを訪ねてきた。快く承諾すると、自前でスキーウエアを用意して、翌日から練習に参加するようになった。得意満面でグランドに現れた姿を見ると、何とアルペン用のスキーウエアだった。笑うこともできず、コーチ陣はただただ頭を振るだけだったが、自前で用意してまでクロスカントリースキーに挑戦したいという意気込みは立派である。

毎日、真面目に練習する台湾の留学生がメキメキ上達する様子を見て、コーチ陣がプロジェクトの本旨を説明したところ、台湾の留学生は「オリンピックにチャレンジしてみたい」と言う。その意欲をふまえて関係者で協議した結果、タイ三名、台湾一名の四名を二〇一八年に開催される「韓国ピョンチャン冬季オリンピック大会」への出場育成選手として認定し、新たにトレーニングを開始することにした。

四名とも運動能力が未知数であったため、最初は学校グランドでのスキー滑走からはじめた。平坦なコースでの滑走に慣れてから緩い傾斜地での練習も取り入れ、何とか形は整ってきた。スキーの上達具合を見ながらフォームの修正をし、マンネリ化を防ぐことを目的に、キトウシ森林公園や旭岳クロスカントリースキーコースへと練習に出掛けた。そして、五月中旬、旭岳コースがクローズされるとともに雪上での練習を終了した。

この間、三月一五日には「第35回バーサーロペットジャパン（旭川）」の歩くスキー五キロに参加している。大会出場の雰囲気を学び、実力を試す初めての機会となった。元オリンピック選手である夏見円《なつみまどか》（二〇〇六年、トリノオリンピック出場）さんや井上国男先生（全日本スキー連盟強化委員）の応援激励を受け、コーチ陣の指示どおり、最前列に四名が並んでスタートを切った。

美瑛宮様スキーマラソン（2016年２月）

コースの下見をせずに参戦しているので、コースを間違えるのではないかとハラハラしながらフィニッシュを待っていると、一緒にスタートした中学生が先頭を切って走ってきた。そのすぐ後ろには、なんとタイの選手一名がピタリとついてゴールに向かってきた。順位が記録される種目ではないが、第二位でのフィニッシュに、応援に来てくれたたくさんの留学生から大歓声が上がった。今までのトレーニングの成果を感じた瞬間である。

トレーニングメニューはスキーを付けての練習ばかりではなく、夏に行う身体トレーニングも重要である。雪のないシーズンは、体幹トレーニング、ランニング、ローラースキーや自転車（ロードバイク）などの陸上トレーニングを通して身体能力の向上に努め、瞬発力・筋持久力・心肺機能向上を目的として、さまざまな用具を用いて行った。初めて履いたローラースキーでは、その難しさに当初は転倒することが多かったが、今ではダイアゴナル（交互滑走）をこなせるまでになっている。

また、自転車によるトレーニングとして、旭岳温泉までのヒルクライムにも挑戦している。町の中心部からロープーウェイ乗り場がある旭岳温泉までは、三〇キロも続く上り坂となっている。最初は緩やかな上りだが、旭岳の麓から旭岳温泉までは急傾斜が続き、一般の人であればとても自転車で登れるような坂道ではない。この道を走破するというのは、まるで競輪選手と同様の訓練となる。

Column　大雪 旭岳 SEA TO SUMMIT

「大雪 旭岳 SEA TO SUMMIT」は、全大会中最北での開催となり、忠別湖から北海道の最高峰・旭岳2,291ｍまでの標高差1,871ｍをカヤック・自転車・ハイクで一気に駆け上がる大会です。過去５回の大会は６月の山開きに合わせ行われ、残雪の中、大雪山系の自然の厳しさを味わう大会でした。

2016年は開催を８月20・21日に移し、夏の大雪山系の爽やかな気候を味わえる大会になることでしょう。回を追うごとにチームでの参加よりシングルでの参加が増えていますが、参加者同士の交流も盛んで和気あいあいとみんなで完走を目指しています。過去に開催された大会での完走率はいずれも100%。大雪 旭岳大会だけがもつ素晴らしい記録です。

町のスタッフやサポーターの歓声を受けながら目指す旭岳山頂のゴールからは、スタート地点の忠別湖が一望でき感慨もひとしおです。また、南に目をやると大雪山系 トムラウシ山まで見渡すことができます。モンベルスタッフも北海道の店舗スタッフを中心にシングルやチームで参加し、みなさまと一緒に山頂のゴールを目指します。麓の東川町にあるモンベルストアも登山やカヤック・カヌー用品を取り揃え、参加者のサポート行いながら大会を盛り上げます。

モンベル 広報部（SEA TO SUMMIT 連絡協議会）
部長代理　佐藤和志

道の駅「道草館」に隣接のモンベル
大雪ひがしかわ店

過酷な訓練ではあるが、さわやかな空気と大自然が織りなす風景のなかを駆け上がり、帰りのダイナミックな下り坂のスピード感と大雪旭岳源水での給水など、東川であるからこその楽しみを享受しながら確実に脚力を向上させていった。

オリンピックへの道のり

一口に冬季オリンピック出場を支援すると言っても、練習を積んで技術を向上させるだけではない。雪のない国に住む選手たちの国民性の違いや、言葉の壁に頭を抱えながら、少しずつ改善・克服しつつ訓練を続けていかなければならない。

事実、コーチ陣は日本式の精神（スポーツ根性）を叩き込むような指導は無理だろうと想定して、生活習慣を尊重しながら技術を習得させていくことにした。ところが、予想以上に言葉と文化の違いに壁があった。最初は、何のための練習なのか、どうしたら上手になるのかなど、なかなか言葉が通じずに苦労の連続であった。さらに、文化や生活習慣（宗教も含む）の違いから効果的な練習ができず、コーチ陣がイライラすることも度々であった。しかし、食事を一緒にとったり、話し合いを続けるなど、さまざまな形でコミュニケーションを取ることで一歩ずつ理解が深まっていった。

難題はまだある。出身国にオリンピックにチャレンジする選手の存在を知ってもらわなければならない。駐日事務所などを訪問し、東川町での訓練の様子などを説明したうえで承認を得て、自国の選手としてオリンピックに送り出してもらう交渉や手続きが必要となる。とくに、国際スキー連盟（ＦＩＳ）への登録は、オリンピック出場の重要な事務手続きとなる。(4) 登録することで出場ポイントが付与されるのだ。

加えて、選手には留学生として日本語検定資格取得というもう一つの課題がある。日本語検定Ｎ３以上に合格しなければ、二〇一六年三月の日本語学科卒業以降の東川町滞在が保証されず、オリンピックへの道は閉ざされるのである。つまり、日々厳しいトレーニングを行うとともに、日本語学習に取り組まなければならないということだ。

トレーニングと勉強で身体的疲労が慢性化すると、思わぬ事故や精神的疲労につながる。望郷の念や焦り・倦怠感を払拭し、いかにモチベーションを維持していくのか。コーチ陣は苦心することもしばしばで、忍耐と努力の指導を続けていった。

まずは、二〇一七年二月に開催される札幌でのアジア大会に出場し、選手の実力を確認しなが

(4)　オリンピック出場ポイントとは、競技種目によっては条件のよくない国からでも、事前にＦＩＳ公認の国際大会に出場しておくことでポイントが付与され、基準ポイントを超えるとオリンピックの出場権が得られるというもの。韓国ピョンチャン大会では、三〇〇ポイントが最低ポイントとなるため、二〇一六年からはＦＩＳ公認大会の出場は必須となる。

プロジェクト達成までの予定

2015（平成27）年1月	本格練習開始
3月	旭川バーサーロペット出場
8月	ローラースキー大会出場
9月	自転車競技大会出場 旭川ハーフマラソン大会出場
12月	このシーズンからFIS（国際スキー連盟）のオリンピック出場資格300point達成を目指して、公認大会出場 全日本クロスカントリースキー大会出場
2016（平成28）年1月	全日本クロスカントリースキー大会出場
2月	美瑛宮様スキーマラソン出場
3月	旭川バーサーロペット出場
5月～9月	各マラソン大会・自転車競技大会出場
8月	国内夏合宿
12月	全日本クロスカントリースキー大会出場
2017（平成29）年1月	全日本クロスカントリースキー大会出場 海外遠征
2月	アジア大会出場（札幌） 美瑛宮様スキーマラソン出場
3月	旭川バーサーロペット出場
5月～9月	各マラソン大会・自転車競技大会出場
8月	国内夏合宿
10月	東川から富良野往復50kmツーリング完走
12月	全日本クロスカントリースキー大会出場
2018（平成30）年1月	全日本クロスカントリースキー大会出場
2月	冬季オリンピック韓国ピョンチャン大会出場

ら効果的なトレーニングを積み重ねてオリンピックを目指すことにしている。二〇一五年一月から二〇一八年のオリンピック開催までの予定を表にしたが、これを見た選手たちは、オリンピック出場が夢から目標に変わった。

広報と資金調達

スキー技術が向上したからといって、オリンピック出場が保証されるわけではない。選手自身の努力に比例して、さまざまな費用が必要となる。公的援助を期待したいところだが、主催者たる東川町にしてもやはり限度がある。自主的な資金調達の努力が必要であり、町民をはじめとして関係諸団体にも理解と協力を得なければならない。

資金調達と彼らの活動を広く知ってもらうべく、まずは広報活動の充実を図ることにした。テレビや新聞の報道機関に呼び掛け、選手たちの学校での様子や国際交流会館での生活風景などを、機会あるごとに報道してもらうことにした。また、春と秋に開催される「東川町くらし楽しくフェスティバル」にも参加してＰＲ活動を行い、選手とともに採ってきた山菜の販売や

「くらし楽しくフェスティバル」で山菜売り
（2013年５月）

募金活動によってわずかながら資金確保もした。

このプロジェクトに対して、最初に取材に訪れたのは朝日新聞社（本社）の女性記者だった。どんな形で記事が載るのかと心待ちにしていたが、なかなか掲載されなかった。そして、忘れかけたころ、東京に住むコーチの友人から「夕刊の一面に大きく載っていますよ」と連絡が入って驚いた。予想よりもはるかに大きな記事だった。地方創生が叫ばれるなか、小さな町の奇想天外なプロジェクトが注目されたことだけは間違いない。

マスコミの取材が入るときには、タイの留学生仲間が自国の料理をつくって話題提供の一助としてくれたこともある。文化交流はまず料理からと、日本でもお馴染みのトムヤムクンやグリーンカレーなどを女子留学生につくってもらった。

タイでは食事の支度を男性も手伝うということな

YOUを五輪へ
本気です
タイ人らクロカン訓練
北海道・東川

雪のない東南アジアの若者を、北海道で冬季五輪の選手に育てよう――。こんなプロジェクトが大雪山系を望む東川町で動き出した。タイ人ら男性4人がこの冬、町内のクロスカントリースキーの雪上練習を開始。初めての雪の感触に戸惑いつつ、下り坂の滑走やスケーティングもこなし、15日には大会に初参加した。指導陣は「みんな、筋が良い」と話し、3年後の平昌五輪の舞台に立つことを期待している。

（左から）台湾の蔡承叡さん、タイのチェレ・アリサマンさん、ジャパキア・ニアマートさん、ペッシーシャイ・パタラさん＝北海道東川町、渕沢貴子撮影

北海道の最高峰・大雪山系旭岳（2291㍍）中腹のクロカンコース。雪と寒風の中、クロカンの元全日本チャンピオン山家梓幸さん(66)の後を、4人が懸命に滑る。

その一人、タイ外務省で英語通訳をしていたジャパキア・ニアマートさん(23)は「すごく寒いかと思っていたが、体を動かすと温かい。滑る感覚が気持ちいい」と笑った。

旭岳温泉街の近くにあるコースは、使える期間が10月末から6月初めまでと日本で最も長く、全日本や韓国のナショナルチーム、全国の大学・社会人チームが毎年合宿に訪れる。

その強みを生かそうと町は今年度、「東川町国際選手村アスリート育成・日本語教育プロジェクト」を始めた。町内の専門学校で日本語を学びながら、クロカンの特訓を受けてもらう内容だ。

学費や設備代など1人300万円余りの経費を町などが負担し、山家さんやノルウェー人コーチらが指導する。期間は1年半だが、一度帰国した後の再来日も支援するという。

タイやベトナムに打診すると、タイ政府が3人を選んで送り出してきた。ジャパキアさんは大学院に進み政治関係の研究をしようと考えていた時期だったが、「こんな機会は二度とない」と来日した。

ヤラ体育大スポーツ科学専攻3年で健康管理を学ぶチェレ・アリサマンさん(24)は日本に来る前、ジムでスキーに向く筋肉作りをしてきた。「タイにないスポーツ。すてきな挑戦だ」と話す。2人はサッカーの競技歴がある。

同大体育教育養成科1年のペッシーシャイ・パタラさん(20)はバレーボールやテニスの経験者。将来は日系企業勤務か体育教員を目指している。

3人がクロカンを始めると、その前から町に留学していた台湾の男性も自主的に加わった。4人は寮で暮らし、午前は日本語の授業、午後はクロカンを練習。日本文化の体験などで町民とも交流する。

隣の旭川市で15日にあった市民向け歩くスキー大会に初参加し、4人とも5㌔のコースを完走。ペッシーシャイさんは1200人を

朝日新聞が大きく報じた（2015年３月18日付夕刊）

ので、材料を洗ったり切ったりはもちろんのこと、調味料のニンニク、トウガラシなどの下ごしらえも選手をはじめとする男性陣が請け負った。自国から持参したすり鉢と棒で大量のニンニクとトウガラシをすり潰すのだが、私たちのように慣れない者は目、鼻、喉が辛みで刺激され、近くにいることすらできなかった。

それらの香辛料に、同じく自国から持参したタイ特有の調味料ナンプラーを入れた料理は本格的で格別であるが、やはり辛かった。聞くところによると、南北に長いタイは南に行くほど辛さが増すという。それゆえ、南部出身の彼らの味はとくに辛い。

このように調理をするときやイベント参加のときには、ほかの留学生たちも大いに手助けをしてくれる。そんな様子を見ると、人口約八〇〇〇人の町がまるで国際都市へと変貌してしまう。このような活動を通して少しずつだが理解が深まり、学内ばかりではなく町全体への強力なアピールともなっている。もちろん、選手たちには大きな励みとなっている。こんな風景が選手の出身国にも伝わり、応援の輪が広がることを町としては期待している。

さらに広報と資金調達の面で活用できるのが、今般話題のクラウドファンディングである。現在、事前の準備を進めているところである。スポーツに関心の深い企業にスポンサー依頼をするなど、オリンピック出場を目指して奮起する選手たちのために、あらゆる機会を通じて支援できる対策を講じたいと考えている。

分けた挫折と継続

旭岳での雪上トレーニングを終え、夏期の筋力トレーニングが順調に進みはじめたある日、「タイ選手一名が膝を痛めた。病院へ運んでほしい」という連絡が入った。すぐに整形外科を受診したところ、膝十字靱帯損傷でスポーツを続けるのであれば手術をしたほうがよい、という診断であった。とはいえ、この傷は最近負ったものではなく、以前に負った古傷とのことであった。

迷ったコーチ陣と関係者で協議した結果、選手の可能性を考えて手術に踏み切った（医療費は留学生保険で支払われている）。術後の経過は順調であったが、予想以上にリハビリに時間を要し、冬季のスキー練習がほぼ不可能となってしまった。それにつれて本人のオリンピックに出場するという意欲も後退し、日本語学科卒業を機に帰国してしまった。

もう一名のタイ選手は、自国でのスポーツ経験に乏しく、基礎的な身体能力にかなりの不安があった。しかし、本人は自尊心が強く「他の選手より早く上達したい。負けたくない」とトレーニングに力を入れてきたのだが、筋力の向上、スキー技術の習得が思うようにいかず、次第に気持ちと身体のバランスが崩れはじめ、身体的故障が多くなってきた。学校も休みがちとなり、本分である日本語の勉強に支障が出はじめたためにトレーニングを休止させた。

この選手にとって、オリンピックへの道は想像以上に厳しいものであったようだ。その後、育成選手辞退を申し出てきたため、熟慮の末、承認している。

さらに、当初は野球特待生として入学したが、途中からクロスカントリーに切り替えてトレーニングを積んでいた台湾選手もオリンピック出場を断念して帰国している。自らスキーウエアを調達してまで意欲満々に取り組んできたが、オリンピック出場に懐疑的な本国の両親が年齢三〇歳を目前にした息子を心配して強力に帰国を促し、それに抗することができなかった。

この選手は、若干身体の硬さがあり、時にコーチの指導に耳を貸さないという難点があったが、他の選手よりも年上ということもあり、意欲的で仲間を引っ張る原動力になっていた。また、ＦＩＳ登録の際、台湾スキー連盟との交渉にも大変な苦労があった。「断念し帰国する」と聞かされたコーチ陣や関係者の落胆は相当なものであった。

残るはタイ選手一名である。この選手は、おっとりしたマイペースな性格で、コーチ陣は「本当にアスリート精神が身につくのか」と不安視していた。途中、筋肉痛などがあったものの、夏季、冬季のトレーニングも順調に進めることができた。二〇一五〜二〇一六シーズンの初冬、積雪が少なくて傾斜地でのトレーニングが不足していたが、一二月に名寄からはじまった著名な大会にはすべて参戦した。これらの大会は三月まで続き、宿泊を伴うこと、早朝に出発するなど戸惑うこともあったが、これも鍛錬の一つである。

最初のころは、練習不足もあり、とくに上り坂はぎこちなく、追い越されることに悔しさもあったという。そんな気持ちが支えとなって、大会出場の回数を重ねるごとに技術も向上し、タイムはまだまだであるが滑走する姿は他の出場選手と遜色がない。コーチ陣にとっても、今までの努力にうれしい手応えを感じる瞬間である。本人も、褒められてかなり自信をもったようだ。

卒業式を終え、留学延長の諸手続きもあってタイへ一時帰国した。その際、ウインタースポーツでオリンピックを目指す選手として記者のインタビューを受け、テレビでタイ全土に放送されて彼の存在が知られるようになった。この取材は、本人の決意をさらに強固なものにしてくれたようだ。

余談だが、タイでのインタビューの様子をＮＨＫが現地取材し、地域の話題として全道ニュースで放送してくれている。ＮＨＫもこのプロジェクトを継続して取材し、見守ってくれているのである（北海道新聞も継続取材を行っている）。

結果的に、日本語学科卒業を機に育成選手はタイからの留学生一名となったが、選手、コーチ陣と関係者はさまざまな困難を乗り越え、二〇一七年の札幌アジア大会出場と、二〇一八年のピョンチャンオリンピック出場を実現させるために新たなスタートをきることになった。

新たな国際貢献

オリンピックに出場するということは、単に母国の代表となるだけではない。今後の人生において、オリンピックに出場したことがステータスとして残るばかりでなく、選手たちのためにコーチや関係スタッフ、さらに学校や町民のみなさんが支援をしてくれたことに対する感謝の心を育むことだろう。

何より東川町という自然豊かな地で思いやりの心、アスリートとしての強い意志を身に付けることができたことで、母国に勇気と元気をもたらすことにもなる。これに勝る国際貢献はないであろうし、その心意気を彼らも感じ取ることであろう。

これこそが、私たちスタッフの夢である。夢は有限であるが、努力は無限である。かぎりある時間のなかで、選手の夢と私たちの夢を実現させるために最大限の努力をしていきたい。それによって、東川町をはじめとして北工学園の名声を高めていけるものと信じている。

9 新設された日本語学校

先にも述べたが、「東川町立東川日本語学校」が、二〇一五年一〇月二日、旧東川小学校校舎を再利用して開校した。公立の日本語学校は全国で初めてである。ベトナム、タイ、台湾からの一四人の留学生が入学式に臨んだほか、日本語を短期で学ぶためにインドネシア、タイ、台湾、中国、ベトナムからやって来た合計六八人の研修生が開講式に臨み、一緒に開校を祝った。

そもそも東川町が留学生を受け入れたのは、一九九〇年代、町内にある北海道情報処理専門学校（現・旭川福祉専門学校）で学んだ韓国のキム・ジョンソンさんが二〇〇七年に再び来町し、「東川町は教育環境が良いところ、韓国の学生にこの町で日本語を勉強させたい」と提案したのがきっかけである（二〇四ページ参照）。

二〇〇八年、実態調査のために韓国水原市に町職員を派遣したところ、日本語研修の要望が強いことが分かり、二〇〇九年の夏から旭川福祉専門学校を借りて日本語研修生を受け入れることにした。翌年からは台湾からも研修生を受け入れ、二〇一一年は国の交流事業を活用して中国からも研修生を受け入れている。その後、ラトビア、タイ、ウズベキスタン、ヨルダン、シンガポール、ベトナム、インドネシア、ブータン、ロシアなど一六か国（地域）へと広がり、七年間で一五〇〇人を超える研修生が学んでいる。

新規に開校した東川町立東川日本語学校では、一年、または

留学生と研修生が参加した開校式

六か月の期間、留学ビザを取得して日本語と日本文化を学ぶことになっている。日本語の授業は昼過ぎに終わるので、午後からは日本の暮らしと和文化を学ぶ課外学習や、日本語能力試験（ＪＬＰＴ）対策の補習が行われている。用意された課外学習は、茶道、日本舞踊、剣道、写真撮影、陶芸、大雪山旭岳登山、小樽や札幌へのミニ修学旅行などで、ワクワクするような体験を通して日本語を身につけていくことになっている。

留学生は、東川振興公社が運営する「東川町国際交流会館」と、（株）西川食品が運営する「国際交流館マ・メゾン東川」といった学生会館で生活をしている。両方とも二食付きである。町で行われるイベントに積極的に参加するほか、留学生自らが自国の文化紹介や料理をつくって町民に試食してもらうというイベントなどに取り組んでいる。

初代校長となった三宅良昌は、「すべての留学生がこの学校の門をくぐったときから、国は違えど同胞であるとともに仲間となるのです。それぞれが、自国の歴史や文化に強い誇りをも

東川町立東川日本語学校の全景

っています。お互いに国や民族を理解し合い、尊重することによって信頼関係を築き上げられていくものです」と言う。

学校が考え、掲げた校訓は「和敬静寂《わけいせいじゃく》」である。そして、教育目標は以下のとおりである。

「世界の平和に貢献する国際性豊かな人間たれ。自律の精神と進取の気質を持つ人間たれ。人類愛の精神を持ち、民族の相互理解に努める人間たれ」

北海道のほぼ真ん中に位置する小さな町が、「インターナショナル・タウン」になるような気がしてくる。町に来られたとき、多様な文化を目にしても驚かないでいただきたい。ごく自然に、さまざまな文化が溶け込んでいる。イスラム教徒の女性が自転車に乗って買い物に行く姿、カフェ（ロースターコースター）に入るとイギリス人のマスターが「いらしゃいませ」と声をかけてくる。その店の奥では、英会話教室が開かれている。

先入観を見事なまでに崩してくれる町、それが写真文化首都「写真の町」東川町である。

東川町内の店で買い物をする留学生

第6章

担当：企画総務課

「写真の町 ひがしかわ株主制度」

東川町を応援するために全国からやって来る株主さん（記念植樹）

1 株主制度の誕生

二〇〇八年四月三〇日、「地方税法等の一部を改正する法律」が交付された。それにより、個人住民税の寄付金税制が大幅に拡充される形で導入されたのが「ふるさと納税」である。最近では、各地域の特産品などが安く買えるということでマスコミでもよく紹介されているのでご存じの方も多いと思うが、まずはこのシステムがどういうものか簡単に説明をしておこう。

「ふるさと納税」とは、任意の地方自治体、つまり都道府県や市町村などに寄付することによって、寄付した額の二〇〇〇円を超える額が税額控除されるという国内における個人住民税の制度であり、「ふるさと寄付金」とも言われている。ただし、年収によって上限が決められているほか、寄付の受け入れや具体的な手順については各地方自治体によって異なっているので、納税される場合は対象となる自治体に問い合わせをしていただきたい。

また、平成二七年度の税制改正によって上限金額が二倍になったほか、納税先の自治体数が五団体以内であれば確定申告の必要がなくなり、「ふるさと納税」がより身近なものになった。その流れは、左の図を参照いただきたい。

きっかけとなったのは、二〇〇六年三月一六日付の〈日本経済新聞〉の夕刊に掲載された「コ

図　ふるさと納税ワンストップ特例が適用される場合

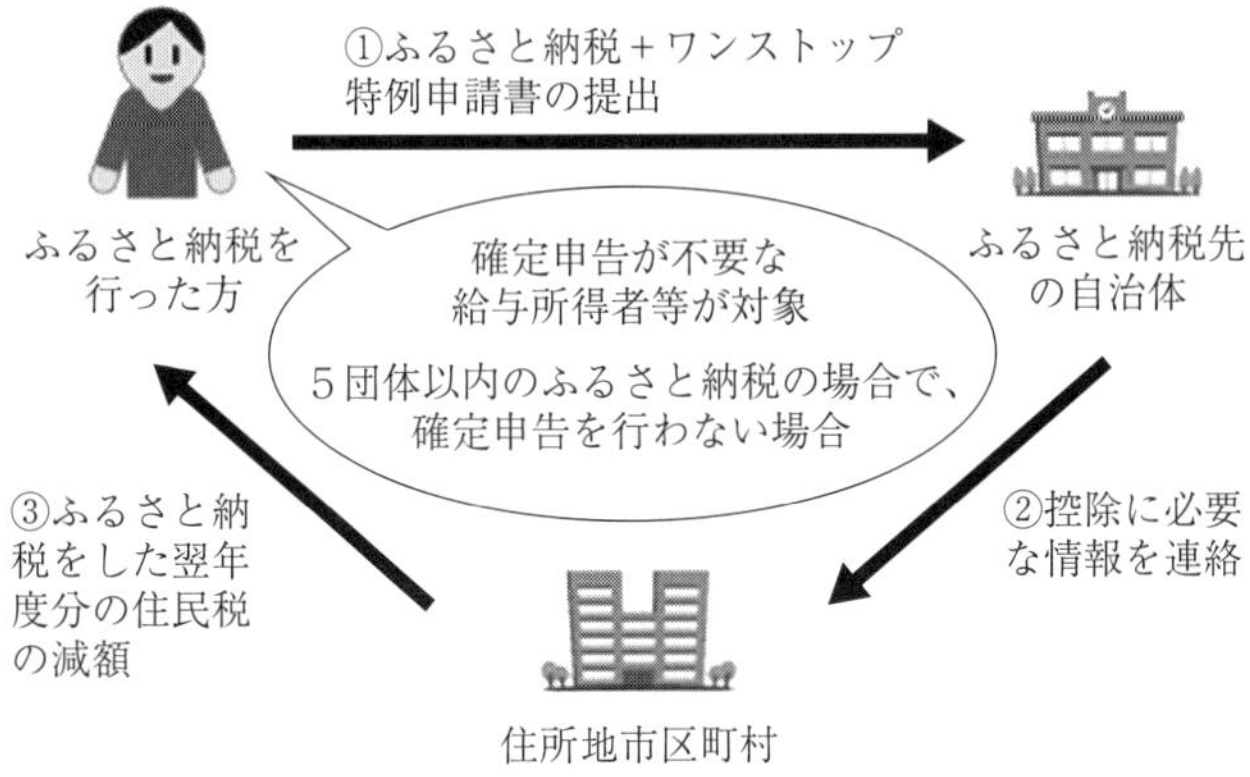

出典：総務省「ふるさと納税」ポータルサイト

ラム十字路」という記事である。このコラムで一部の政治家が「地方を見直す『ふるさと税制案』」を取り上げ、社会的に議論が活発化した。その内容は、地域間格差や過疎などによる税収の減少に悩む自治体に対して、格差是正を推進するものであった。

その発案者と言われているのが西川一誠福井県知事である。二〇〇六年一〇月に「故郷寄付金控除」という制度の導入を提言し、総務省が設けた「ふるさと納税研究会」の委員にも選任され、賛成の立場から積極的に発言を展開した。

以前から、住んでいる住所以外の場所に何らかの貢献をしたいということで、都市部などで活動機会が多いスポーツ選手や芸能人といった人たちが、故郷への思いから住民票を移さずに故郷に住民税を納め続けた場合もあれば、元長野県知事である田中康夫さんのように、「好きな町だから税を納めたい」として生活拠点ではないとされる地域に住民票を移そうとした事例があった。

このような背景のもと、東川町でもふるさと納税の取り組みを推進する指示が出たわけだが、担当した部署としては「寄付」を推進する仕組みに違和感があった。寄付やボランティアと言えば聞こえはいいのだが、自主的に取り組む人にはその行為による精神的なベネフィット（有形、無形の価値）がある。ふるさと納税をしてもらい、何か特産品を送るだけではそのベネフィットに働きかけるだけ意味をもたないと考えたわけである。言い換えれば、「ありがとうございます」で終わるのは東川町らしくないということである。

そこで、「自主的に取り組みたくなる動機と目的」を明確にして参加できる仕組みづくりをし、さらに「ふるさと納税」の税制優遇を利用できないかと考えた。とはいえ、そんなよい仕組みがすぐに思いつくわけがない。写真を中心とするビジュアルコミュニケーションを手がけ、東川町の特産品を株主優待（現在も継続している）に採用している「株式会社アマナ」[1]とのやり取りを通じてヒントを得た。

一般的に言われる「株主」とは、投資した企業を応援し育てる人たちである（もちろん、投機を目的とした人もいるが……）。そうであれば、ふるさと納税は納めた町を応援することとなる。つまり、東川町を応援して東川町を育てるのはここに住む町民だけでなく、東川町にふるさと納税をしてくれた人も東川町を愛し応援し、東川町の発展を願ってくれる人であるということに気付いた。そこで、東川町という自治体に株主がいてもいいのではないかと考え、単なるふるさと納税ではなく、東川町では「写真の町　ひがしかわ株主制度」という名称のもと二〇〇八年一〇月より活動を開始したわけである。

東川町では、寄付していただいた方を「株主」と呼び、寄付を「投資」と呼んでいる。投資をしていただいた方に「ありがとうございました」だけでは終わらず、一度株主になった方は永久株主となっていただいている。もちろん、企業の制度とは違うが、東川町の株主制度には「株主優待」や「配当」と呼ばれる制度もある。そして、町外に在住する株主には、心を一つとしてもらうために「東川町特別町民認定書」と「株主カード」を贈っているほか、投資額に応じて特産品をプレゼントしている。

「東川町特別町民認定書」と「株主カード」

（1）住所：〒140-0002　東京都品川区東品川2-2-43　電話：03-3740-4011

そんな株主が、二〇一六年三月現在、八三四九人いる。現在の人口が約八〇〇〇人であることを考えると、この数がいかに多いものであるかいうことがお分かりと思う。事実、松岡町長は、機会あるごとに「我が町の人口は一万人を超えています」と言い、株主と一体化した町政に取り組んでいる。

それでは、「写真の町　ひがしかわ株主制度」の特徴を説明していこう。長く東川町とのかかわりをもち続けていただけるよう、たくさんの仕組みをつくっている。東川町に関する情報提供は言うまでもなく、東川町に来ていただいた方にはささやかなサービスを提供したり、滞在中快適に過ごしていただく環境を用意している。また、第3章で述べたように「写真の町」として幅広いつながりが全国に広がっていることもあり、それらの方々も含めて一緒に町づくりをする仕組みを展開している。具体的に述べていこう。

（1）事業の内容を提示――投資をしたお金が何に使われているのかが分かるように、投資いただく事業を株主が選ぶという仕組みである。現在、四つのプロジェクトのもと一〇の事業が進んでいる（後述参照）。もちろん、事業が実施されたときにはその実施報告も行っており、株主のモチベーション向上にもつながっている。

（2）株主が来町したときのメリット――株主が株主カードを持参して東川町を訪れたときには、以下のようなサービスが受けられる。

・キトウシ森林公園家族旅行村のコテージが半額。
・町内の公共施設が町民料金で利用できる。
・道の駅「道草館」のソフトクリームを株主価格で提供。
・天人峡、旭岳温泉の提携ホテルでは、株主特別価格で宿泊可能。
・提携しているレンタカー会社では、株主特別価格で利用可能。
・東川町ふるさと交流センター（シングル1、ツイン2）を年間六泊まで無料で宿泊できる。

その他、常に新しいサービスを実施しているので、お問い合わせいただきたい。

（3）株主参加企画――投資対象事業となっている「森づくり事業」では、来町いただいた株主も町民や出身者とともに植樹事業に参加することが

株主優待の家族旅行村コテージ

株主が植樹祭に参加

できる。植樹は毎年秋に行われており、町内にある「株主の森」に多くの株主が訪れ、植樹を行っている。なかには、毎年参加される株主もいる。

（4）株主ファーム――株主になれば、東川町の農場オーナー制度とも言える「株主ファーム」に申し込むことが可能となる。株主ファームとは、東川町の農場オーナーになったことを意味し、収穫時に新米や美味しい東川産の野菜が届けられる。一万円と一万五〇〇〇円の二つのコースがあり、収穫の秋に東川町の物産を送っている。現在、年間二二〇名ほどの株主が利用されている。道外からの申し込みが多く、東川と都市を「食」でつなぐ取り組みとなっているほか、良質な東川の農産物をアピールする機会ともなっている。

（5）ひがしかわワインの特別申し込み――二〇一四年からリリースされる町内限定販売のひがしかわワインの先行申し込みを受け付けている（二五二ページから参照）。

（6）株主に対する優先宿泊所――年間に一万円以上の投資をされた株主には、優先的に宿泊できる無料宿泊所を提供している（年間に六泊まで）。利用された株主の声を紹介しておこう。

「まず、驚いたのが広さときれいさです。それに、置かれているベッドや机がすべて木製で、さすが木工の町という感じがしました。もちろん、冷蔵庫やテレビもあるし、ビジネスホテルとは違って、広いお風呂でゆっくり湯につかることもできるので最高です。ここを拠点にして、大雪山などをめぐるという旅を今度は是非したいです」

これは、町役場のすぐ横にある「ふるさと交流センター」を利用された東京在住の株主のコメントである。このときは仕事で東川町に来られたわけだが、言葉どおり、後日休暇をとって再度ここを利用し、大雪山系に登られている。

もう一つの宿泊所として「小西健二音楽堂」（一四一ページのコラム参照）がある。こちらも町役場のすぐ近くにあり、生前、音楽が大好きだった町民が自宅をコンサートホールとして寄付してくれたものである。施設内にはグランドピアノやチェンバロが置いてあり、プロのアーティストが時折ここでコンサートを行っているが、コンサートの予定がなければ株主の宿泊施設として開放している。もちろん、ベッドや机といった調度品はすべて木でつくられたものである。

宿泊する部屋としては一階に和室と洋室の二つ、二階に和室が二つと、家族での宿泊も十分可能な広さがある。また、自炊も可能なので、食料さえ持ち込めば普段と同じような環境のもと過ごすことができる。

二〇一四年一一月七日、『百万本のバラ』や『知床旅情』などの曲で有名な加藤登紀子さんが来町され、ここで「北海道東川ラトビア交流協会」のメンバーなどと茶話会を開いた。前日は札幌で三〇年ぶりとなる「ほろ酔いコンサート」を終えられ、翌日は旭川で同コンサートを行うという忙しさのなか来町された。

加藤さんは、二〇一五年六月、ラトビアからオーケストラを招いて「百万本のバラコンサート」

を開かれた。そのとき、ラトビアとの交流が深いと聞き知る東川町を訪れて、情報収集をされたのである。茶話会のあとは、松岡町長も同席のもと食事会を開き、にぎやかで楽しい一夜となった。「ラトビア交流協会の方がたくさん集まってくださり素敵な交流会が開かれました」という加藤さんのコメントをブログで拝見し、感激した次第である。

吹き抜けとなっている間接照明のみのフロアーで、ひがしかわワインを飲みながらレコードプレーヤー（CDではない）が奏でる音楽を聴く――まさに至福の時である。こんな贅沢な空間が演出できるだけの環境がここにはある。

これらの取り組みを通じて、株主が東川町に来ても、東川町に来る機会がなかなかつくれない人も、東川町とのつながりをもてるようにしている。東川町が行っている株主制度は、投資していただく金額よりも、東川町を応援してくれる人が増えることを願っている。先にも述べたように、人と人とのつながり

階段が椅子席になる小西音楽堂

加藤登紀子さんとの茶話会

を大切にし、まちづくりを行ってきた先人たちの意思を受け継ぐ仕組みの一つとして、担当部署はさらなるサービス向上に努めている。

2 ひがしかわ株主制度の現状

株主制度も二〇一六年で八年となる。そのユニークなネーミングと人と人とのつながりを大切にした取り組みが、全国で繰り広げられている「お土産合戦」とは一線を画していることから、これまで多くの報道機関、研究者や学生などから取材を受けてきた。そして、彼らがブログや各種サイトを通じて研究発表したことで、さらに話題となった。とくに、二〇一三年に全国放映の『みのもんたの「朝ズバ」』（ＴＢＳ）での紹介は反響が大きかった。二〇一六年三月末現在、実投資者数は八三四九人（のべ一万一一七九人）に上り、入金済み投資金額は二億一三六万四〇〇〇円となっている。

株主制度という形をとってはいるが、先に述べたように、実際はふるさと納税である。一万円の寄付額に対して二〇〇〇円分は控除されないが、残り八〇〇〇円分については税額控除の対象となる。また、本町の場合は、一年に一万円以上投資をいただいた株主には、特産品の詰め合わせとなる東川土産（五〇〇〇円相当※送料込み）をプレゼントさせてもらっているので、税額控除分とあわせるとお得感は大きいのではないだろうか。

投資対象事業の説明とともに各投資額を、パンフレットを引用する形で紹介しておこう（二〇一六年三月三一日現在）。

---

①**写真の町プロジェクト**（第３章参照）

（1）**写真の町整備事業**——一九八五年の「写真の町」宣言以来、写真による町づくりと写真文化への貢献活動を実施しています。これから写真の町三〇年、写真甲子園二〇年が経過し、記念事業や写真アーカイブスなどの整備事業に充てられます。目標金額：二億円（平成三〇年一二月まで）達成額：五二〇〇万五〇〇〇円。

（2）**オーナーズハウス建設事業**——東川町への撮影ツアーや写真関係来訪者のゲストハウス、さらには写真甲子園出場選手の宿舎として活用する施設の建設が望まれています。また株主の皆様が東川町を訪れた際のオーナーズハウスとして整備事業に充てられます。目標金額：三〇〇〇万円（平成三一年三月まで）達成額：一六九四万一〇〇〇円。

（3）**写真甲子園映画制作支援事業**——写真甲子園二五年目にあたる、平成三〇年春の公開を目標に写真甲子園の映画制作がスタートしました。この事業に投資いただくと、一万円以上で映画公式ホームページにお名前や企業名等（希望される方のみ）が掲載され、一〇〇万円以上になると映画のエンドロールやパンフレット等にも掲載されます。目標金額：一億二〇〇〇万円（平成二九年一二月まで）

（4）**写真文化首都創生館整備事業**――情報発信と多様な交流を生み出すことを目的に、知の拠点となる図書館をはじめ、東川町に集積された写真文化、家具デザイン、大雪山に関する貴重な学術文献等による文化・芸術アーカイブスなどからなる複合施設の整備に充てられます。目標金額：一〇億円（平成三一年三月まで）

②こどもプロジェクト

（5）**オリンピック選手育成事業**――日本で最も早くクロスカントリーができる大雪山連峰の主峰旭岳の麓にあるクロスカントリーコースは、ノルディック日本代表選手やジュニア選手など数多くの選手が合宿に集うノルディックの聖地となっています。これらの選手を育成するための「コース整備事業」に充てられます。目標金額：五〇〇〇万円（毎年の投資額に応じ実施）達成額：二三〇九万二〇〇〇円。（第5章参照）

③ECOプロジェクト

（6）**水と環境を守る森づくり事業**――大雪山の雪解け水の恩恵を受ける東川町は、全国有数の上水道が無い水の美味しい町です。この事業への投資は、限りある水資源と地球環境を守る森づくりの大切さを発信し、この環境を守るための「森づくり事業」等に充てられます。目標金額：五〇万円（五六一四万二〇〇〇円もの金額になり、受付中止）

④イイコトプロジェクト

(7) **自然散策路整備事業**――日本最大の国立公園である大雪山国立公園。その中の旭岳と天人峡が東川町にあります。多くの方が観光や登山で訪れ、大自然を満喫されていますが、大雪山の自然環境を次世代に残すためにも、利用マナーの理解や自然保護活動が必須です。自然荒廃する散策路の整備に充てられます。目標金額：五〇万円（毎年の投資額に応じ実施）達成額：一五八四万二〇〇〇円。

(8) **ひがしかわワイン事業**――東川町では本格的なワイン造りに取り組んでいます。良質な葡萄を栽培、東川町の自然酵母を使用し「ひがしかわワイン」を生産します。ぶどうの品種はセイベル中心ですが、ピノノワール、シャルドネなどの試験栽培中です。投資（寄付）金は「ぶどう苗木およびぶどう畑整備」に充てられます。目標金額：五〇万円（毎年の投資額に応じ実施）達成額：八三三万八〇〇〇円。（本章4節参照）

(9) **医療型観光施設整備事業**――旧東川第四小学校を改修し、現在のホスピタルでもホスピスでもない、温かいおもてなしで人々を包むホスピタリティな複合施設を建設します。難病で自宅療養中の方も東川町という大自然の中で、生きる力と生命力を回復できるような

環境整備に充てられます。目標金額：一億円（平成三〇年三月まで）

⑽ **織田コレクションアーカイブス事業**――世界の優れた家具の展示やデザインに関するワークショップを行う「デザインミュージアム」を将来建設するため、その展示の中核となる「織田コレクション」（椅子研究家の織田憲嗣氏が所有する椅子などの生活日用品に関する資料群）のアーカイブス化に充てられます。目標金額：三億円（平成三〇年三月まで）（第2章参照）

二〇一四年三月に終了した事業も紹介しておこう。「安田侃モニュメント事業」と名付けられたもので、東川小学校の新築移転の際に併設された地域交流センター内に、美唄《びばい》市出身の世界的な彫刻家である安田侃さん（一五五ページ参照）のモニュメントを設置するにあたって五〇〇〇万円の目標設定に対して、一二四〇万五〇〇〇円の投資をいただいた。同年四月、施設完成にあわせて設置したので、来町されたときには是非ご覧になっていただきたい。世界的な彫刻家の作品に直接触れることができる環境が東川町にはある。

なお、東川小学校については、隣接して整備を行った公園施設を含めて五三億円の整備予算が組まれた。全面平屋造り、公園を含めた総敷地面積は一六ヘクタールで、学校施設についてはそのうち三七億円が使われた。そのほか、人工芝のサッカー場や野球場などが設置されている。

見学時、感興《かんきょう》をそそられることだろう。東川町らしく内部は木を中心とした造りとなっており、二七〇メートルの直線廊下が建物の中央を貫いている。グランドピアノも設備され、ミニコンサートを開くだけのスペースなどもあり、教育施設として使用するだけでなく、町内外の方々にもさまざまなイベントスペースを提供している。「こんな田舎に⁉」と、ため息（？）を漏らした見学者もいた（一五四ページから参照）。

写真の町として真摯に写真文化の高揚に努めてきた結果と思われるが、投資実績の地域別の構成では、北海道の二五八一人に対して関東圏の方が三二九六人となっている（左の**表**を参照）。また、年代別の投資者実績を見ると、一番多いのが七〇代で二四四五人、次いで四〇代一九九七人、六〇代一三九七人、五〇代一三二九人と、四〇代から七〇代の方が中心となっている。年度別の投資額についても、実施開始の二〇〇八（平成二〇）年より毎年一〇〇〇万円台の投資額であったものが、先にも述べたように、二〇一三年度はマスコミの影響もあって二五五六万四〇〇〇円と倍額に近い金額となっている。

平成の大合併が進められるなか、人口一万人未満の市町村は自主運営が難しいため、自治事務を大きな自治体に委託するという「収集合併」が話題となっているが、東川町は自立した町として単独運営を主張しており、当時の自治省（現在の総務省）に対して、定住人口八〇〇〇人・交流人口（応援町民）二〇〇〇人の合計一万人の町であると主張をしてきた。最新の住民基本台帳

「写真の町」ひがしかわ株主情報

	投資予定額								
	合計	写真の町	オーナーズ	オリンピック	安田侃モニュメント	水と環境	自然散策路	ひがしかわワイン	写真甲子園
金額	209,204,000円	53,220,000円	17,479,000円	24,322,000円	12,444,000円	58,664,000円	16,352,000円	8,874,000円	17,849,000円
株数	209,204株	53,220株	17,479株	24,322株	12,444株	58,664株	16,352株	8,874株	17,849株
件数		4,440件	1,583件	2,112件	385件	4,604件	1,718件	863件	549件
一件平均		11,986円／件	11,042円／件	11,516円／件	32,322円／件	12,742円／件	9,518円／件	10,283円／件	32,512円／件

※複数投資をカウント

入金済延べ数 11,179人	投資額（入金済み）								
	合計	写真の町	オーナーズ	オリンピック	安田侃モニュメント	水と環境	自然散策路	ひがしかわワイン	写真甲子園
投資額	201,364,000円	52,005,000円	16,941,000円	23,092,000円	12,405,000円	56,142,000円	15,842,000円	8,338,000円	16,599,000円
株数	201,364株	52,005株	16,941株	23,092株	12,405株	56,142株	15,842株	8,338株	16,599株
ひがしかわ土産差引額	62,580,000円	14,943,784円	3,719,946円	9,199,121円	798,693円	20,185,601円	4,732,172円	3,341,433円	5,659,250円
純投資額	138,784,000円	37,061,216円	13,221,054円	13,892,879円	11,606,307円	35,956,399円	11,109,828円	4,996,567円	10,939,750円
目標金額		200,000,000円	30,000,000円	5,000,000円	50,000,000円	500,000円	500,000円	500,000円	120,000,000円
事業に使用した金額		0円	0円	0円	−11,613,307円	−8,200,000円	−2,000,000円	0円	0円
達成までの金額		−162,938,784円	−16,778,946円	8,892,879円	−50,007,000円	27,256,399円	8,609,828円	4,496,567円	−109,060,250円

ブロック別実人数	地区	北海道	東北	関東	中部・東海	8,349人
	株主数	2,581人	158人	3,296人	723人	
	保有株数	81,665株	2,685株	70,642株	15,160株	
	地区	近畿	中国	四国	九州・沖縄	
	株主数	1,096人	157人	64人	274人	
	保有株数	21,162株	4,071株	1,377株	4,602株	

※株主数には法人も含まれておりますが、株主数を表す際には「人」で表示します。
※１人を実人数１人としてカウントしています。

2016年３月31日
現在

では、定住人口がついに八一〇〇人台となり、定住人口の目標は達成している。さらに、交流人口とされる応援町民は、株主についてのみ数えても八〇〇〇人を超えていることから、一万人以上という目標は達成していることになる。もちろん、この結果に甘んじることなく、さらに広めていきたいと考えている。

3 初の株主総会が開催された

ふるさと納税による寄付者を、東川町では「株主」と呼んでいることはすでに述べた。であれば、寄付金を何に使っているかを株主に説明するのが筋であるということから、二〇一五年一〇月八日、初めての「株主総会」を町農村環境改善センターで開いた。

出席株主は、道外からの五二人を含めて一一〇人に上った。上場会社などの荒れるような株主総会とはまったく無縁で、「東川 de エコ&東川町株主総会」と銘打って開催された。通称「株主の森」と呼ばれている森でアオダモの苗木一一〇〇本の記念植樹を午前中に行ったあと、昼食は東川米と東川産の野菜を使ったカレーライスをみんなでいただいたほか、米粉のシホンケーキなどといった「東川のうまいもの」を一四品そろえ、株主のみなさまへ還元させていただいた。

この株主総会はマスコミの話題ともなり、日本経済新聞をはじめとして多くのマスコミに取り上げられている。その一つ、日本経済新聞の記事を紹介しておこう。

東川町は「ふるさと納税」による寄付者を株主と位置づけて寄付金の使い道を説明する「株主総会」を今秋、初めて開いた。寄付金を受け取るだけにとどめず、町の事業への充当を見える化する全国でも珍しい取り組みだ。寄付者の満足度を高めて寄付金を増やし、定住・移住の促進も狙う。

「寄付金が何にどれくらい使われるか分かりやすい」。埼玉県在住の高橋利典・陽子さん夫妻は子供を連れて総会に出席した。旭川出身の利典さんは隣接する東川町の「ひがしかわ株主制度」に賛同。「町の事業に一緒に参加している感じがする」と満足げだ。

ふるさと納税　使い道を説明

東川町が「株主総会」

東川町は「ふるさと納税」による寄付者を株主と位置づけて寄付金の使い道を説明する「株主総会」を今秋、初めて開いた。寄付金を受け取るだけにとどめず、町の事業への充当を見える化する全国でも珍しい取り組みだ。寄付者の満足度を高めて寄付金を増やし、定住・移住の促進も狙う。

「寄付金が何にどれくらい使われるか分かりやすい」。埼玉県在住の高橋利典さん・陽子さん夫妻は子供を連れて総会に出席した。旭川市出身の利典さんは隣接する東川町の「ひがしかわ株主制度」に賛同。「町の事業に一緒に参加している感じがする」と満足げだ。

「ひがしかわ株主制度」の充当事業の説明に耳を傾ける株主（18日、東川町）

満足度高め寄付増狙う

この制度は、ふるさと納税の枠組みを利用し、寄付を投資と見なす。投資先は町が進める複数の事業。「投資（寄付）申込書」で希望の事業を選び、1株1千円で投資する株数を指定できる。

寄付者にはふるさと納税に伴う農産物の返礼品のほかに株主証を送る。町内の温泉・ゴルフ場・スキー場の利用料割引や農産物の優先販売などの株主優待を用意。配当は贈り物を検討中だ。事業を決める議決権はない。

2008年から始め、今年9月末で寄付者の総数は4527人、寄付総額は1億2千万円に達した。現在募集中の投資先は①町が掲げる「写真の町」の推進②写真関係者や株主が宿泊するゲストハウスの建設③大雪山を巡る自然散策路の整備④ひがしかわワインの生産⑤水と環境を守る森づくり⑥オリンピック選手の育成――と、いずれも町の将来に目を向ける。

18日に開いた総会には道内外から110人の株主が参加。町は9月末までに写真の町事業に3084万円、ゲストハウスの建設事業に1359万円、水と環境を守る事業に2641万円を活用したことなどを報告した。

制度発足から7年たって初めての開催。「寄付金の充当を説明するのは町の責任ではないか」。町企画財政室の吉原敬晴室長は株主からの指摘がきっかけと明かす。

総会では今後の計画にも言及した。300株以上の株主には旭岳温泉や天人峡温泉の無料宿泊券を贈呈するなどプレミアムを付ける。新たな投資先として同町が撮影舞台の映画「0・5秒の夏　写真甲子園」（仮題）の制作を追加し、17年夏の公開を目指すという。

株主は町内の森を訪れ広葉樹のアオダモ1100本を植樹。温泉入浴や陶芸、クラフト作製などの体験会にも参加した。総会出席者に町の魅力を実感してもらう狙いだ。

松岡市郎町長は「投資に見合う事業になっているかを見に来てほしい」と来年以降も総会を続ける方針。総会を通じて町内外の交流を導き、「定住・移住の促進に結び付けたい」と展望する。

全国の高校生が腕前を競う「写真甲子園」の開催、海外の生徒を受け入れる町立日本語学校の開校……。人を呼び込む施策を次々と打ち出す人口約8千人の町の動向が注目される。（稲田成行）

日本経済新聞（2015年10月27日付）

この制度は、ふるさと納税の枠組みを利用し、寄付を投資と見なす。投資先は町が進める複数の事業。「投資（寄付）申込書」で希望の事業を選び、1株1千円で投資する株数を指定できる。（後略）（二〇一五年一〇月二七日付、日本経済新聞朝刊「北海道経済」コーナー）

記事にある株主のコメントは、行政側としても非常にうれしい。毎年、株主総会を開催させていただくので、総会に出席したついでに、晩秋の北海道を楽しんでいただければありがたいと思っている。

4 ひがしかわワインの歴史

東川町におけるワイン用のブドウづくりは、一九九二（平成四）年までさかのぼる。当初は、特産品づくりの流れに乗って、美味しいワインづくりというよりは、東川産のブドウでつくったワインが欲しいという発想でワイン事業を行っていた。必然的に、たくさん収穫することだけを考え、品質よりも量に重きを置いた栽培となり、醸造にも強いこだわりはなく、東川産のブドウが入っているワインを購入してラベルを貼って販売していただけである。

結果は言うまでもないだろう。年々販売量も減少し、二〇一二（平成二四）年には栽培管理をまったくしないという状況にまでなった。しかし、「せっかく長くブドウ栽培をしてきたのだから、もう少しワイン事業を継続できないだろうか？」と町では考えた。継続するのであれば、これまでどおりのやり方ではなく、町民に愛されるワインづくりをしなければ「東川町のワイン」とは言えないと考え、二〇一三年から、栽培指導と醸造に関する一貫指導を、岩見沢市栗沢町でワイン醸造会社「10R（トアール）ワイナリー」を経営されているブルース・ガットラヴ（Bruce Gutlove）さんと「ナカザワヴィンヤード」の中澤一行さんにお願いすることにした。

それにしても、ブドウ栽培の奥は深かった。お二人の指導のもと、枝の剪定、除葉、草刈り、防除などといったたくさんの作業を、その年の生育を見極めながら行っているわけだが、とてもマニュアル化して簡単に取り組めるというような

ガットラヴさんと中澤さん

ものではなく、毎年、悪戦苦闘を続けている。

現在、東川町で丁寧に栽培され、多くのボランティアの方々とともに収穫されたブドウは、「10Rワイナリー」に運び込まれている。ここで、発酵管理以外のブドウの選果、瓶詰、ラベル貼り、梱包までの醸造工程に東川町のスタッフはかかわっているが、もちろんお二人の指導のもとである。そんなお二人に、東川町のワインについて語っていただいた。

質問　東川の町民がお聞きするのも変な話ですが、まずは、これまでのブドウ栽培について簡単にお話しください。

中澤　実は、一九九二年からはじまった東川でのブドウ栽培は、二〇一二年に一度やめてしまっています。二〇一三年に再開するとき、ブドウ栽培のことを分かっている人が一人もいないということでしたので、四月から収穫する一〇月までの間、ポイントとなる重要な作業に入る前にお伺いして、必要なアドバイスをしました。ブドウを育てたことのない人たちがやろうとしていたのですから、まったくゼロからのスタートです。

一年間、管理もしないで放置していた畑を再生することは一《いち》からはじめるよりも難しかったかもしれません。好き勝手に伸びてしまった木を、まず立て直さなければなりませんので、余分な枝を切るという剪定が一番重要な作業となりました。土そのものはそんなに問題ではなかったので、ちょっと時間がかかりましたけど、思ったよりもよいブドウが収穫されたと思います。

質問　それはどのような種類のブドウだったのですか？

中澤　植わっていたブドウは、赤ワイン用のセイベル１３０５３でした(2)。それを活かして、どんなワインがつくれるのか、東川町の方々と栽培に取り組みました。セイベルは、少し栽培が簡単な部類に入りますが、三か四年経った今の段階でもまだ完全な状態ではないでしょうが、ブドウは収穫されるようになりました。絶対無理だろうと思っていた最初の年から収穫ができて、二年目、三年目と、畑は確実によくなってきています。

質問　どのようなワインを目指しているのでしょうか？

ガットラヴ　私が一番目指しているワインは、その場所の味、風土、土壌、気候、そして働いている人たちの味が出るワインです。「10Ｒ」には、いろんな方が自分で栽培したブドウを持ってきて、自分たちで仕込みをして発酵の管理をして瓶に詰めるといった形でマイワインをつくっています。東川のブドウは、風土がいいのでしょう、セイベルとしてはおいしいワインができています。

---

(2)　セイベル種とは、フランス人のアルバート・セイベル氏によって開発された交配品種のこと。寒さに強く、カナダやニュージーランドなどの寒冷地で多く栽培されている。なかでも、セイベル１３０５３は北海道における赤ワイン用ぶどうの主力品種となっている。

質問　作業工程などについて教えてください。

ガットラヴ　収穫したブドウがここに運び込まれると、まず選別を行います。一番よいワインをつくりたいので、よいブドウだけを選び、カビているものや未熟なものはすべて取り除いています。

中澤　収穫期の天候が悪いと、ブドウが傷む場合が多いんです。また、雨の中で収穫をしなければならなかったりすると品質が落ちますので、選別にはかなりの時間をかけています。

質問　東川のブドウはどうなんでしょうか？

ガットラヴ　一度見捨てられた畑を再生されているみなさん、芯があると言いますか、一生懸命やっていらっしゃる姿に努力のほどがうかがえます。畑の再生はまだ途中でしょうが、これからもっと木のバランスがよくなります。

収穫されたブドウ

収穫作業

東川にはブドウ栽培の専門家がまだいらっしゃいませんが、熱心な人たちがいます。畑とやり取りしながら時間を過ごしていると、畑の様子とか生態系が分かるようになるので、もっとよいものができるでしょう。それに、試験栽培をはじめている別の品種もありますので、今後、別の顔が見えてくるでしょう。

中澤　ピノ・ノワール、シャルドネとか、ケヴェルツトラミネール、シルバーナが新顔です。(3)

ガットラヴ　ピノ・ノワールやシャルドネは世界中どこでも栽培されていて、スーパーにさまざまな国のピノ・ノワール・ワインやシャルドネ・ワインがありますが、他の品種は少し珍しいものです。ワイン好きの人なら知っているでしょうね。

質問　次は、醸造過程について教えてください。

ガットラヴ　うちの工場の醸造スタイルは、非常にシンプルなものです。ワインは加工されているものですが、工業製品ではなく農産物なのです。近代的な機械を使ったり、濃縮するとか、味

---

(3)（Chardonnay）は果皮が緑色のブドウで、白ワインの原料となっている。名前の由来は、フランス・ブルゴーニュのマコネにある村「シャルドネ」から取ったものと考えられている。（Gewürztraminer）は、灰色を帯びたピンク色の果皮をしているが、つくられるワインはすべて白である。そして（Silvaner）は、古くから栽培されている品種で、水分の多い土壌を好む。酸味は控えめでニュートラルな味わいのため、酸味の強いワインのブレンド用に用いられることもある。

付けのために添加するということは一切していません。畑で収穫したブドウを素直にワインに変えるだけで、ブドウの質で勝負しています。

東川のセイベルは、いくら頑張っても糖度が十分に上がらない品種です。糖度の低いブドウからワインをつくると、アルコール度数が低く、ちょっと軽めのものになります。もうちょっとボディが欲しいので、グラニュー糖を少し入れて、度数を一〇から一二パーセントの間に上がるようにしています。アルコール度数を少し高めて、おいしい味わいとなるようにバランスを高めているわけです。

質問　発酵について、もう少し詳しく教えてください。

ガットラヴ　ブドウの果皮に付いている野生酵母で発酵させていますので、東川町の風土の味が出ていると言えます。フランス産の培養酵母などを使うと東川町の特徴がちょっと鈍くなるような気がしますので、何も入れていません。農薬を使い過ぎるといろんな菌も殺されてしまうので野生酵母の発酵がうまくいかなくなりますが、東川のブドウは問題がありません。みなさんが丁寧に栽培している証拠と言えるでしょう。

中澤　野生酵母は、土地によって違うことのほうが多いです。野性酵母が発酵するまでじっくり待ちますので、時間がかかってリスクもあります。つまり、果皮にはどんな菌が付いているか分かりませんので、万が一悪い雑菌が付いていたら、弱い発酵がはじまる前に雑菌が増えて果汁が腐ってしまうという可能性があるのです。とはいえ、雑菌そのものは必ず付いているものです。十分に注意をして管理をしていますので、余程のことがないかぎり繁殖しません。酵母発酵が優勢になる環境を整えることで、他の菌が棲みにくい環境になるのです。香りも味も毎日チェックして、発酵が終わるまで二週間くらいかかります。

ガットラヴ　赤ワインの場合、果汁と果皮を一緒に発酵させています。いわゆる醪《もろみ》ですね。発酵が終わると、圧搾機で搾《しぼ》って液体と果皮を分け、液体は樽に入れて貯蔵、つまり寝かせることになります。味は東川のみなさんに確認していただき、その後の管理はこちらでさせていただいています。仕事でたまに東京に行ったりして『キトウシ』を買って飲んでいる人に会うと、「どうでしたか？」と尋ねて、私も東川町の宣伝員の一人になっています。

質問　それは、ありがとうございます。

中澤　基本的に醸造所にはお客さまが来ることは少ないのですが、私も話す機会があれば、東川の銘柄『キトウシ』は美味しいと説明しています。ですが、基本的には、プロモーションそのものは東川町が行っています。ワインづくりの人が急に増えて、ちょっとしたブームになりつつあります。「10R」には、「俺もやりたい！」と言って相談に来る人が多くなりました。

ガットラヴ　今、日本のワインがブームとなっています。とはいえ、相談に来る人には、「やめたほうがいい」と何回も言っています。儲からないし、大変なことですから。寒い雪国で栽培す

東川町のブドウ畑

圃場面積	1.71ha（7線0.81ha＋センター0.90ha）
栽培品種	セイベル13053（赤）2,644本
試験栽培	ピノノアール（赤）225本、バッカス（赤）20本 シャルドネ（白）120本、ゲヴェルツトラミネール（白）80本 シルバーナ（白）40本
収穫数量	2013年＝2,919kg（2,820本瓶詰） 2014年5,196kg（5,089本） 2015年2,760kg（本数未定）
醸　　造	10Ｒワイナリー（合同会社10Ｒ）＝岩見沢市 ブルース・ガットラヴ氏 2014年12月1日リリース‼（11月25日発表！）

るとさまざまな問題が途中に出てきます。「やめたほうがいい、やめたほうがいい」と言うのですが、それでも粘り強くやりたいという人がいます。しかし、安易な気持ちではじめると、すぐに壁にぶつかって、さらっとやめることになるじゃないですか。

質問　壁というと？

中澤　北海道には、雪が積もるという難題があります。垣根栽培になっているブドウは、樹高を二メートル近くに伸ばしますが、それを簡単に雪の下に埋めることはできません。そのまま埋めるといろいろな問題が生じます。収穫が終わってから、葉っぱが落ちた木を剪定して、すっきりした樹形にしてから雪の下に埋めています。

ガットラヴ　雪のある所でワイン栽培をしているのは、世界では少なくとも北海道だけ、ちょっと独特のものです。収穫、仕込み、発酵の管理が一一月中旬まで続きますので、そのあとすぐに畑に戻って、一二月中旬までに剪定を終わらせる必要があります。言うまでもなく、すごく忙しいです。元々、私は本州でブドウ栽培とワインづくりをしていました。本州では、冬の間にちょこちょこっと剪定すればよかったから全然焦りませんでしたが、こっちは急いでやらなければなりません。事務所で座っている余裕なんて、まったくありませんね。

質問　想像できない作業ですが……メリットは？

中澤　ブドウの木を雪の下に埋めるという行為には、何一つとしてプラスがありません。できることなら埋めたくないですね。函館辺りならシバれないので埋めなくてもいいですが、さすがにこの辺りは寒さにやられてしまいます。埋めるのはまだよいのですが、埋めたものをまた人の力で元に戻さなければならないのです。それも、春一番にやらなければならない余計な仕事です。雪に埋めるというのは、「不利」としか言いようのない条件となっています。

質問　今後、東川町において目指すべきことは何でしょうか？

ガットラヴ　東川に必要なことと言えば、ブドウ栽培からワインづくりまで、全般にわたって中心になる人を育てることです。やる気のある人、東川の土地でワインをつくりたいと本当に思う人がワインのプロジェクトの中心になってくれると、もっと美味しいワインができるでしょう。「こうしなさい」と言われたから一生懸命やる。それでもよいワインはつくれますが、言われなくても自らがどうしてもよいものをつくりたいと考え、最初から最後まで自分で確認をするという人が出てくることを願っています。

一つ、二つのヴィンテージを出していきますと、深さ、面白さ、大変さが分かるようになり、自分からやりたいという気持ちが出てくるものです。言ってみれば、それがワインづくりのはじまりでしょう。

質問　今日は、お忙しいところありがとうございました。町民の一人として、ワインづくりを見守っていきたいと思います。今後とも、よろしくお願いいたします。

言うまでもなく、美味しいワインをつくるためには、美味しいブドウがなければはじまらない。それゆえ、事業に携わっている者の合い言葉は「美味しいワインは美味しいブドウづくりから」となり、それぞれが深い思い入れのもと作業に携わっている。インタビューで語られたように、栽培から徹底した指導をいただいたお二人のおかげで、他の産地よりも糖度の高いブドウを最近は収穫できるようになった。毎年、木の状態が確実によくなっており、品質をさらに上げることも可能となった。

一方、ひがしかわワイン「キトウシ」を支持してくれる方々の声もたくさん届くようになっている。二〇一三年産の二八二〇本は、二〇一四年一二月一日のリリース後、年内に完売するほどの人気となったし、二〇一四年産は五〇八九本と、前年の倍近くも生産することができた。これによって、さらに多くの方々に提供することが可能となっている。PRを町で行うだけという小さな販売ネットワークでありながら、五〇〇〇本を超える出荷量がある。小さな町の事業としては、十分に自慢できるものであると思っている。

東川町産のワイン「キトウシ」

今後も、さらに栽培経験を蓄積していくことで、より美味しいブドウづくり、より美味しいワインづくりに努めていきたい。また、試験栽培をしている品種から新しい赤ワインや白ワインを生み出すことができれば、ワインの産地の一つとして東川町が認められるのではないかと思っている。ワイン好きの方々、ぜひ一度飲んでみていただきたい。

第7章

担当：定住促進課

移住の町

グリーンヴィレッジで家庭菜園

1 定住促進への取り組み

東川町の人口がピークに達したのは一九五〇（昭和二五）年で、一万七五四人を記録している。その後、徐々に減少がはじまり、昭和から平成に変わってもその流れは止まらず、一九九三（平成五）年には六九七三人となり、七〇〇〇人を割ってしまった。その二年後には七〇〇〇人台を回復したものの減ったり増えたりを繰り返し、やきもきさせながらも徐々に上向き傾向となって二〇〇〇（平成一二）年には七五〇〇人台に乗り、二〇一四年には八〇〇〇人に到達した。

過疎でもない、過密でもない人口、つまり東川町が「適疎」と表現する理想的な目標値は八〇〇〇人である。七〇〇〇人を割ってから、二一年の歳月をかけてその目標を達成したことになる。この「適疎」という表現、実は松岡町長が、二期目となる二〇〇四年より使い出した言葉である。第3章で紹介した「写真文化首都宣言」にも使われている言葉だが、「人として本来の居場所＝適当に疎が存在する町＝適疎」という意味を含んでいる。つまり、ただ人口が多ければよいということではなく、町の規模にあった適正な人口というものを考える必要があるのではないだろうか、ということである。

とはいえ、この間、国の社会資本整備総合交付金などを活用しながらさまざまな定住移住促進政策を打ってきたのも事実である。「写真の町」事業などで東川町を全国に発信し続け、大雪山の麓の町らしく、美しい景観と住みやすい環境、美味しいミネラルウォーターで暮らす全国的にも稀な「地下水の町」をアピールしつつ宅地造成と販売を続けたほか、民間アパートの造成支援や店や工房を開く人たちの起業化を積極的に支援し続け、人口増に結び付けてきたという歴史的な背景がある。

二〇〇三（平成一五）年に東川町は景観形成団体となった。そのとき、「美しい東川の風景を守り育てる条例」を定め、「東川風住宅設計」を提唱するようになった。豊かな暮らしや温かさは住まいから生まれるわけだが、その一方で、住まいの外観は町並みを構成する重要な要素でもあり、社会性をもっている。そこで「東川風住宅とは」ということが協議され、大雪山の山並みと調和する住まいづくり、緑が充実した潤いのある住まいづくり、住人たちが考える調和した住宅景観を目指すこととした。

敷地面積は三三〇平方メートル（約一〇〇坪）以上を推奨し、敷地に対する住宅建ぺい率を四〇パーセント以下とした。延べ床面積の容積率も六〇パーセント以下とし、都会では考えられないようなゆとりを求めているが、東川町では土地代が都会に比べて格段に安いからこれも可能となる。住宅の高さは、近隣の日照や眺望を考慮して一〇メートル以下とし、隣との壁面の距離も十分にとることで開放感のある眺めとなっている。ちなみに、これだけ家の間が空いていると、屋根からの落雪が理由で隣家ともめるということもない。

また、緑豊かな環境の推奨例として、樹高一〇メートル以上の庭木にはアカエゾマツ、イチイ、ナナカマド、樹高五メートルから一〇メートルまでにはニオイヒバ、イロハモミジなど、そして五メートル以下にはエゾムラサキツツジ、レンゲツツジなどと具体的に樹種を提案している。そして、樹木や芝、花で敷地面積の二〇パーセント以上の緑地率を求めており、塀や生垣的な囲い込みではなく、通りに向けて開放的な美しさを期待している。もちろん強制ではないが、移住者の方も含めてみなさん、この意義に賛同していただいている。

屋根についても規定している。大雪山の山並みをイメージした勾配屋根がふさわしく、切妻屋根、三角屋根、寄せ棟屋根などを基準にしている。色もこだわっていて、空と建物の境界を明確にする濃緑、こげ茶、濃紺といった重厚な色が好ましいとしている。また、外壁の色は、夏の緑よりも派手さを抑え、冬の雪景色のなかで暖かみのある印象の色を推奨している。

景観条例としては、一九六八（昭和四三）年に金沢市が制定した「伝統環境保存条例」（現「金沢市における伝統環境の保存及び美しい景観の形成に関する条例」）が最初と言われている。都道府県では、一九六九年に発令された宮崎県の「沿道修景美化条例」が最初と聞く。しかし、二〇〇五（平成一七）年六月一日に景観法が施行されるまで、法令の委任に基づかない自主条例だったため強制力がなかった。しかし東川町では、その二年前にいち早く、このような規定を設けて町づくりに向けて推進していたのである。

　東川風住宅を新築した場合の支援策は、カーポートや物置棟の建設費の二分の一以内、上限五〇万円（二世帯住宅は一〇〇万円）を補助するとなっている。東川風住宅は毎年一〇軒前後建っており、二〇〇六（平成一八）年度以降では合計九〇棟以上の住宅が建築されている。

　一方、景観住宅建築支援事業の指定地域となっている宅地分譲も順調に販売数字を増やしている。市街地の近くには、「イーストタウン」「グリーンヴィレッジ」「えぽっく101」「えぽっく102」といった住宅ゾーンがあるほか、田舎暮らしが好きな人たちに対しては、「友遊団地」「新栄団地」「ガーデンコートキトウシ」、民間開発の「ビバキトウシ」といったエリアが用意されている。

　とはいえ、戸建て住宅だけでは人口増加にはつながらない。そこで東川町は、民間の賃貸住宅の建築に対しても、公共住宅は福祉的要素が強いことから一戸当たり一八〇万円（町外

東川風住宅が建ち並ぶグリーンヴィレッジ

施行業者は一二〇万円）の支援を行っている。助成初年度の二〇〇三年は四棟一六戸、翌年は一一棟五九戸、さらに翌々年は一〇棟五五戸と、この三年間で二五棟一三〇戸が完成し、ちょっとしたアパート建築ラッシュとなった。

建築費用の四分の一、限度額を四〇〇〇万円（町外施行業者は三二〇〇万円）とした二〇一三（平成二五）年も四棟四二戸、その翌年には二棟八戸ができあがっているが、すぐに満室となり、東川町に住みたくても賃貸住宅に空きがないという状態が続いている。本当にありがたいことである。

町の移住支援で特筆すべき施策として、二世帯住宅に対する建設費の補助制度が挙げられる。卒業後、就職が理由で一旦は町外に暮らしていた働き盛りの若者が、実家の両親が年老いたために農業後継者として戻ってくるケースが増えている。実家の隣に建てる場合でも、少し離れた所に建てる場合でも、補助の対象としている。また、町外に住む親を東川町に呼び寄せて二世帯住宅を建てるケースも例外ではない。

二世帯住宅の新築には二〇〇万円、実家の隣接地に一戸建てを新築したり、増改築する場合には一〇〇万円を支援している。親子の絆、家庭のつながりを大切に思う東川町の「おもいやり政策」であり、他の地方自治体ではおそらく例がないだろう。

新規起業者への支援事業についても説明をしておこう。土地、家屋、設備などの固定資産の取得、改修などにかかった費用の三分の一以内で、上限一〇〇万円まで補助している。この支援事業は二〇〇三（平成一五）年からはじまっており、初年度は三件だったが、その後は毎年五件前後の起業化補助が続き、二〇〇九年には一〇件が集中し、二〇一四年は一〇件オーバーとなっている。これまでに、起業家支援事業は約八〇件を超えている。

美しい景観と住みやすい環境を満喫しながらクラフト製作や家具づくりの工房をはじめた人、撮影をしながらギャラリーをはじめた写真家など、さまざまな分野のアーティストが東川町に住みはじめている。第2章でも紹介したとおり、三〇軒を超える家具工房、クラフト工房、陶芸、織物などのお店があり多彩なものとなっている。芸術家たちは、どこかで共鳴しあっているようだ。これからも東川町を目指して集まってくることだろう。

そのほか、こだわりの飲食店やカフェをはじめた人、個性的で独創的な雑貨屋をはじめた人、天然酵母や蒸しパンにこだわったパン屋、おにぎり専門店、手打ちうどん専門店、石焼き窯のピザ屋などオンリーワンの店が町内には目白押しとなってきた。このような店のなかから、全国区になったところもたくさん出てきている。

こうした個性派の店舗は、市街地に軒を並べているわけではなく、住宅街にポツンと紛れていたり、郊外にある農家の空き家を復活させたり、木立の中におしゃれに存在している。店舗のあり方自体がユニークであるからだろう、旭川市や札幌市などから東川町のカフェめぐりを楽しみにやって来る観光客や、ランチタイムにわざわざ来店するというファンが激増中である。
町の移住ポスターに掲載されているキャッチコピーを紹介しておこう。

いじゅうは、じゆう。
日本は広い。世界は広い。
移り住む、ということ。
住む場所は自由。
どう生きるのかも自由。残してきたものと、
手にしたもの。
北の大地の最高峰、
大雪山旭岳の麓に広がる、
東川町。今日もこの町には、
優しい風が吹いている。

そして、次のようなコメントもポスターには書かれている。

エネルギーみなぎるまち、北海道東川町
アートの町　・木工クラフト作家・陶芸家などアーティストが多数移住。ギャラリーが二〇軒以上、カフェも二〇軒以上点在。

ギャラリーが二〇軒以上、カフェも二〇軒以上、「まるで東京の青山だ」と言った人もいる。しかし、これが東川町では普通のこととして存在している。そう言えば、慶応大学の小島敏明さん（SFC研究所上席所員）と玉村雅敏さん（総合政策学部准教授）は、こうした東川町が気に入って何度も通うようになり、『東川スタイル』という本を書いている（産学社、二〇一六年）。東川町は町づくりに先進的であり、全国の自治体に刺激を与えたいというのが執筆した理由の一つであると言う。

大学とのかかわりと言えば、武蔵野大学がインターンシップを東川町で継続しており、すでに五年目となっている。学

イギリス人のカールさんが営む「ロースターコースター」

生たちは東川町で実践的に学び、その成果として、理想的な図書館づくりや観光客の誘致秘策などを大学生らしい探究心で町に提案を行っている。武蔵野大学の学生数は約八〇〇〇人、東川町の人口とほぼ同じである。これからも「発信源」として頼りにしたいところである。

二〇一五年秋、東京・西東京市にある武蔵野大学の大学祭に役場職員が招かれ、「東川米」をはじめとしてジャガイモ、ラーメン、トマトジュース、ハチミツなどといった町の特産品を販売した。このような機会が理由で、西東京市民にも東川町に親しみを感じてくれることを期待している。

それにしても、産学官がこれほど仲睦まじく連携しているケースは珍しいかもしれない。事実、東川町には他大学からもインターンシップや合宿の場としての来町が多い。どうやら、各大学から「面白い町」として注目されているようである。

学生が協力して「東川ブース」を開いた（武蔵野大学祭）

2 婚姻届

読者のなかには、結婚を予定されている方も多いことだろう。「婚姻届」と言われる夫婦となる届け出の正確な提出先をご存じだろうか。参考までに記すと、以下に挙げる所のいずれか一か所となっている。

- 夫、または妻の従前（婚姻前）の本籍地の市区町村役場。
- 結婚後の新たな本籍地の市区町村役場。
- 夫、または妻の所在地の市区町村役場。

ただし、ここで言うところの「所在地」には一時的な滞在地も含まれているので、挙式を行ったリゾート地などの役所でも提出が可能となる（海外のときは、最寄りの日本国の大使館・総領事館などの在外公館に提出）。簡単に言えば、「どこでもよい」ということである。

これが理由で、近年、二人の新たな人生のスタート記念として、実際に住む所とは関係なくさまざまな地域に婚姻届を出すカップルが増えている。また、民間と自治体がコラボレーションしている「まちキュン　ご当地婚姻届」というサービスも人気となっているようだ。

二〇一四年七月三日からスタートしたもので、結婚情報誌「ゼクシィ」（リクルートマーケティングパートナーズ発行）とリクルートマーケティングパートナーズ総研が展開している「幸せ応援プロジェクト」とが協働して行っており、各地域の魅力を発信したり、自治体ごとの結婚支援策などをアピールしている。

提携している九つの自治体（日光市、浦安市、郡山市、静岡市、大津市、出雲市、福岡市、奈良県、熊本県）がそれぞれ個性的な婚姻届を用意しており（ダウンロード可）、それを当地に提出するとプレゼントなどがもらえるということになっている。結婚を予定しているカップルの新婚旅行先が国内であれば、どこにしようかと選んでみるのも楽しいかもしれない。

さて東川町では、二〇〇五年一〇月三日から新しい婚姻届のスタイルとして、二人の大切な瞬間が形に残るようにと「新・婚姻届」を用意させていただいている。写真をご覧に

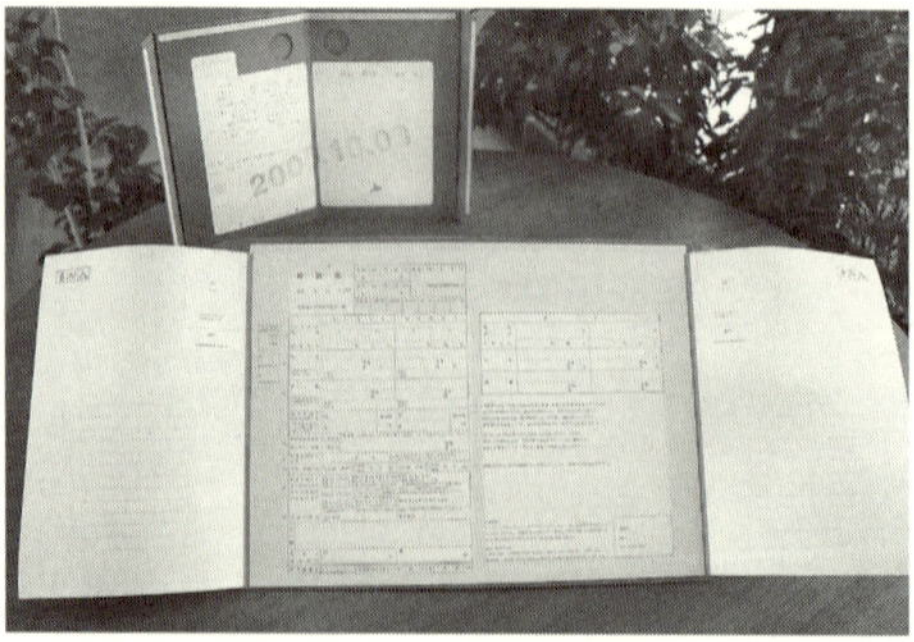
東川町で用意させていただいている「新・婚姻届」

なれば分かるように、素晴らしく豪華な台紙となっており、これを目的に、新婚旅行として東川町を訪れる人も多くなっている。

二〇一三年一一月、東京・浅草において開催された「北海道暮らしフェア」の際、東川町もブースを出して移住などの案内をさせていただいた。来場されている方のほとんどが高齢のご夫婦なわけだが、珍しく若いカップルがブースに近づいてきて次のような質問をされた。

「何か、特別な婚姻届があると聞いたんですが……」

てっきり移住についての質問かと思っていただけに腰を折られたが、東京でこういう質問を受けたことは町としても嬉しいかぎりである。役場のホームページでは次のように案内させていただいている。

皆さんは結婚について、どのようなイメージや記憶を持っていますか？　派手な結婚式？　感動した結婚式？　ふたりだけの地味婚？……では、結婚した瞬間は？　「婚姻届」それは、初めて法的に夫婦と認められ、これからの二人の人生が描かれる大事な書類。なのに記憶がないと言う方は少なくはないと思います。それは、婚姻届は役所に提出するだけの行為であり、提出した書類もそのまま保管され、結婚される二人の手元には残らないからではないでしょうか。

結婚後の夫婦、そして家族としての道のりは、楽しいことや嬉しいことばかりではないでしょう。でも、結婚した時のハッピーな気持ちや夢をいつまでも忘れずにいられたら、それが力となり、二人はいつまでも幸せではないでしょうか。

新しい婚姻届のスタイルは、提出するときを素敵なセレモニーとし、その形を幸せな二人の手元に残せたら……そんな思いから生まれました。

東川町が提案する婚姻届は、大切な「とき」と「思い」を詰め込んだ記念品として、結婚する二人に贈られます。

ここで、実際に婚姻届を出された方からのメッセージをご紹介しよう。広島県福山市で歯科医院を営まれているご夫婦、猪原健・光さんである。歯科医院と言っても、一般的に知られている歯科医院ではない。正式名称を「猪原歯科・リハビリテーション科」と言い、ホームページには以下のような記述がされていた。

「猪原歯科・リハビリテーション科は、歯科医療を通じてみなさんの素敵な笑顔、美味しい食事、楽しいおしゃべりをお手伝いしています。スタッフは、歯科医師六名、医師二名、歯科衛生士九名、歯科技工士二名、言語聴覚士二名、管理栄養士一名、事務職員五名。医院内での診療だけでなく、ご自宅や介護施設、入院先の病院への訪問診療や、訪問リハビリテーションも行っております」

この記述を読んだとき、「えっ?!」と思わず声が出てしまった。一般に言われる「歯医者さん」ではない。まさしく、地域医療を基本に備えている歯科医院である。それを証明するかのように、猪原信俊理事長のコメントも紹介されていた。

「人生の大きな楽しみである『食』を人生の最期までサポートしたい…。基本となる歯科治療やメンテナンスはもちろんのこと、多職種が一丸となった地域ぐるみでの『食支援』の拠点となるべく、努力を続けてまいります」

東川町でもぜひ開業していただきたい歯科医院だと感じたのは、筆者だけではないだろう。また、原稿を書いていただいた猪原健さんは、一九九七年の第四回写真甲子園にも四国ブロックの代表(愛光高校・愛媛県)として出場され、「銀のモモンガ賞」を受賞されていた。婚姻届を出されたのも、写真甲子園がきっかけであったという。

婚姻届の提出

猪原《いのはら》　健《けん》(三五歳)

旭川空港から東川町に向かうとき、レンタカー店を出て最初にある三叉路を左折する。ほんの少し走ると、橋の架かるひたすらに長い一本の下り坂が眼前に広がる。まるでスキーのジャンプ台を滑走しているかのように錯覚してしまうほどだ。しかし、このときほど興奮することはない。「東川に戻ってきた〜!!」窓を全開にして叫んでしまった（とはいえ、ここはまだ東神楽町である）。

これまでに、何度この道を走ったことだろうか。最初は、「写真甲子園」に出場する選手の送迎バス。大学生OBボランティア、写真甲子園同窓会、婚姻届、新婚旅行、そして娘をつれて……。初めて東川町を訪れたときが一七歳だから、もうそろそろ二〇年が経とうとしている。

旭川空港から東川町へ向かう下り坂

「二〇年かぁー」、自分はちゃんと大人になれたんだろうか?

東川に来るたび、僕の気持ちは、あの写真甲子園の熱き三日間の余韻を引きずったままの高校生に戻る。当時は、町内を走るひたすら真っ直ぐの道路を、被写体求めて駆けずり回っていた。

先日、東川を訪れ、その道をレンタカーで走っていたとき、車窓から暖かい西日が差し込み、突然、涙がこぼれそうになった。ゆったりとした時の流れのなかで、東川はいつでも僕を包み込んでくれる。ここには、「帰ってきて」よいのだ……。

「申し訳ないけど、真冬の北海道に一緒に行ってくれない？　それも、日本で一番寒い旭川の隣町なんだけど……」

ある年、こう言って僕の妻となっている女性を東川につれてきた。結婚前のことである。彼女は目をパチクリさせて、意味が分からないという表情を見せた。ごく当たり前の反応である。この旅の目的は、「婚姻届を提出するため」であった。東川町は、提出した婚姻届の複写をくれるという日本唯一の自治体である。

最初は戸惑っていた彼女も、意を決し、極寒の地に赴くことに同意をしてくれた。ただ、婚約者であるとはいえ、また婚姻届を出すための旅とはいえ、婚前旅行であることはまちがいない。一応けじめをつけるため（よく言うよ）、披露宴で流すビデオを撮ってくれるカメラマンに同行をお願いした。

東川町では、写真甲子園の同窓メンバーや地元の新聞社、そして役場の職員さんらが、「これでもか！」というくらい大祝福をしてくれた。婚姻届を二人で出して、晴れて僕たちは夫婦となった。二〇〇六年二月、極寒の日のことであった。

婚姻届受理3倍に

複写贈るサービス好評

年間72件、道外も

東川町

【東川】婚姻届の複写を記念に贈る町のサービスが好評だ。二〇〇五年十月のスタートから一年間で、例年の三倍のカップルが同町に婚姻届を提出し、道外から来た人も。人生の大きな喜びの瞬間を形に残せるのが魅力で、町外に東川をアピールするきっかけにもなっているようだ。（小川郁子）

サービスは〇五年十月三日から開始した。〇六年九月末までの一年間の同町の婚姻届受理数は七十八件で、うち七十二組が新様式で提出した。これまでの同町の年間の婚姻届受理数は二十数件なので、三倍に増えた。

七十二組のうち、夫妻どちらかが町民なのは二十二件。これに対し、本籍、現住所とも町外の夫妻が五十件と全体の三分の二を占め、このうち六件は道外だった。本籍、現住所とも東川以外だった夫妻のうち二組が、婚姻届提出時に本籍を東川に定めた。

東京都の歯科医、猪原健さん（二六）、同じく歯科医の光さん（三二）は、昨年二月十七日に新様式で婚姻届を提出。健さんが高校時代、写真甲子園に出場したのがきっかけで東川と縁ができた。健さんは「台紙には東川での写真を入れており、とてもいい記念になりました」という。初めて訪れた光さんも東川を気に入り、夏にも二人で再訪したという。

この婚姻届は、役場に提出する婚姻届の複写を袋状の台紙に張ったもので、台紙の中に写真や手紙、CD、互いへのメッセージなどを入れられる。袋は封ができ、タイムカプセルのように保存できる。独自のデザインの婚姻届は全国で唯一。東京在住のアートディレクター藤本やすしさんがデザインし、テレビ番組や女性誌などで紹介された。

東川町役場に婚姻届を提出し、記念の台紙を手に喜ぶ猪原さん夫妻＝06年2月17日、猪原さん提供

北海道新聞（2007年1月11日付）
猪原健：1980年 広島県福山市生まれ。高校2年生の時に第4回写真甲子園に出場し、「銀のモモンガ賞」を受賞。1999年に東京医科歯科大学歯学部へ進学、同年夏に、写真甲子園OBスタッフとして参加。大学卒業後、写真甲子園同窓会に合わせて東川町を再訪し（2006年）、婚姻届の提出。カナダへの留学などを経た後、2011年に帰郷し、歯科医師として活動。

そして四年後、僕はまた無茶なお願いを妻にした。

「申し訳ないけど、真冬のカナダに一緒に行ってくれない？　それも、カナダで一番寒い北緯五五度の都市なんだけど……」

彼女は眼をパチクリさせて、意味が分からないという表情を見せた。またまた、ごく当たり前の反応である。

この旅の目的は「留学」であった。アルバータ州エドモントン（Edmonton）は、二〇〇九年にマイナス四六・一度という最低気温を記録した極寒の地であり、東京や広島の温暖な町に住む人間には想像もつかない所である。しかし、今回は様子が違った。東川でマイナス二〇度を体験していたので、「まぁ、なんとかなるだろう」と、晴れて一緒に行くことを了承してくれたのである。バンザイ東川！　ありがとう東川！

ちなみに、東川町の姉妹都市であるキャンモア（Canmore）もアルバータ州にある。観光都市として有名なバンフ（Banff）の隣町であり、僕たちは、一年間の留学中に五回もキャンモアを訪れている。

九年後、娘をつれて東川に帰ってきた。今度は、妻のほうから「東川に行こうよ」という提案があった。東川には、複写式の婚姻届だけでなく、複写式の出生届もあるのだが、未熟児として緊急帝王切開で生まれたという経緯もあって、当時はそれどころではなかった。でも、ありがたいことに元気に育ってくれて、家族全員で東川に戻ってくることが無事にできた。ちょうど「写真甲子園」の開催に合わせて戻ってきたので、「お父さんも、高校生のころ、こうやって写真の全国

猪原さんご夫妻

大会に出ていたんだよ」なんて、小さな自慢をしてしまった。

すべてを包み込んでくれる広大な大地、北海道。丘の美しい美瑛や富良野とは対照的に、東川の美しさの源は大雪山の豊かな雪解け水と水田である。そして、ひたすら真っ直ぐ続く道は、僕たちがちっぽけな存在にすぎないこと、また日頃悩んでいることもちっぽけなことにすぎないと、やさしく諭してくれているかのようだ。

僕たちは、また東川に戻ってくるだろう。次は、何が待ってくれているだろうか。ひょっとしたら、娘の「写真甲子園」への出場かもしれない。こんな親バカも、大雪山はやさしく見守ってくれている。

東川町で届出されたカップルには、写真文化首都「写真の町」東川町らしく、夫婦になった瞬間の写真を撮影してプレゼントさせていただいている。また、記念のメッセージシートにメッセージを残していただき、写真とともに「東川町文化ギャラリー」に永久保存するというサービスも行っている。もちろん、夫婦になった二人が、再び東川町を訪れた際には見ることもできる。このようなサービスのため、手わたしを基本としているので来町いただくことが条件となっている。詳しい手続に関しては、ホームページを参照していただきたい。

　このような「新・婚姻届」が誕生したのは、役場の担当者（当時・特別対策室）があるテレビ番組を見たのがきっかけであった。その担当者に、誕生した経緯を語ってもらうことにする。

新・婚姻届の誕生

　二〇〇五年、東京のマーケティングコンサル会社に研修で出向していたときのことである。毎回楽しみに見ていた関東ローカルの『New Design Paradise』（フジテレビ・放送は終了）という番組で、婚姻届のリデザインがテーマとなっていたことがある。テレビに映し出される婚姻届を見て驚いた。とても素晴らしいコンセプトでリデザインされており、すぐにデザインされた藤本やすしさんに会いたいと思い、彼が経営するデザイン会社「ＣＡＰ」に連絡を入れた。

　何度か電話をしたのだが藤本さんは忙しくてなかなかつかまらず、自己紹介を兼ねて思いの丈をＡ４用紙三枚分にまとめてメールで送ったところ、マネージャーから翌日返信があり、「藤本的にはＯＫでーす。詳細は後日連絡します」と民間らしい簡潔な回答をいただいた。

　婚姻届は法的に夫婦と認められる大切な瞬間であるのに、行政手続の一つになってしまっている。それを藤本さんは、婚姻届を書く楽しさを訴え、届け出ること自体をセレモニーにすることができると熱く語ってくれた。その内容に、行政マンとしていたく感銘を受けた。また、このようなサービスは行政にしかできない。いや、東川町だからできる、東川町だから実施する意義が

婚姻届数 ※H17年10月3日～

	「新様式」で東川に届出	①の内訳（夫婦いずれかの住所）			「標準様式」で東川に届出	東川での受付件数
	①	東川	道内(町内)	道外	②	③(①＋②)
H17年度小計	45	15	27	3	4	49
H18年度小計	76	17	44	15	5	81
H19年度小計	80	33	30	17	7	87
H20年度小計	71	23	38	10	5	76
H21年度小計	59	17	30	12	13	72
H22年度小計	58	18	36	4	9	67
H23年度小計	78	21	52	5	8	86
H24年度小計	92	24	61	7	7	99
H25年度小計	141	18	103	20	9	150
H26年度小計	167	25	125	17	5	172
H27年度小計	175	33	130	12	11	186
累計	1,042	244	676	122	83	1,125

Column 藤本やすし（ふじもと やすし）

1983年にデザインオフィス「CAP」設立。アートディレクターとして過去に『マリークレール』『流行通信』など、現在では『BRUTUS』『Casa BRUTUS』などを手掛けている。デザイナーとしてかかわった雑誌は約100誌に上る。

また、ルイ・ヴィトン、表参道ヒルズの広告印刷物や、アパレルのシーズンカタログなどのアートディレクターも務める。1996年にはgallery ROCKETを原宿にオープン。著書として2004年『雑誌をデザインする集団キャプ』、2006年『雑誌をデザインする人と現場とセンスの秘密』をプエブックスより発行。（東川町ホームページ参照）

ある、とも思った。

ただ、藤本さんには、「予算もないし、町長の了解も取っていませんが、東川町だから実現したい婚姻届です」と伝えたところ、役場の一職員でしかない筆者に対して、「協力しましょう！」と言っていただいた。もちろん、役場内での調整という作業もあった。戸籍窓口では業務量が増えることが課題となったが、この婚姻届を実施する意義を理解してもらい、法務局との調整などを経て町長へのプレゼンを行って承諾を得たうえ、東川町での採用となったわけである。

願わくば、新婚旅行を兼ねて東川町に来ていただき、大自然を堪能するとともにこの「新・婚姻届」を提出してくれるカップルが一組でも多くなることを望んでいる。

3　三組の移住者へインタビュー

先に役所的な説明をとりあえずさせていただいたが、実際の生活風景となるとこれではご理解いただけないだろう。そこで、筆者（吉里）が実際に移住されてこられた三組のご家族にインタビューを敢行することにした。東川町でのリアルな生活の様子や、再スタートを切られた方々の思いが伝われば幸いである。

まずは、移住四年目を迎えられた三上正幸（六九歳）・恒子（七〇歳）夫妻の話である。ご夫妻は、東日本大震災の直前となる、二〇一一年三月一日に埼玉県から移住してこられた。仕事をリタイアされた三上さんの東川町での新生活、楽しみにしたい。

吉里　「東川町を外から見てみよう」という趣旨で、移住者の方の目を通して東川町を語っていただく企画です。私も写真甲子園が縁となって大阪から移住した者ですから、インタビュアーとなりました。まずは、こちらにいらっしゃる前のことからお聞かせください。

正幸　東川町に移住する前は埼玉県内を二～三度引っ越しをして、最後は埼玉県浦和市（現さいたま市浦和区）に三一年間暮らしていました。東京都内へ通勤する住民が多いのですが、私は朝の通勤時に満員電車が嫌なので朝六時ごろに家を出て、帰宅するのが夜の一〇時、一一時という生活でした。ほとんど家には寝に帰るような毎日で、日曜日の午後に「さいたまスーパーアリーナ」周辺を散歩するぐらいでした。四〇年間、それが当たり前のように思って暮らしてきました。

三上正幸・恒子さんご夫妻
（2014年11月28日インタビュー）

恒子　一人娘が結婚して、呼び寄せたわけではないのですが近くに住んでくれましたので、移住する決心をしたときは娘や孫たちと離れることが唯一の心残りでした。実は、私たちは二人とも生まれは北海道です。私は「村」時代の東神楽町、主人は旭川市です。

正幸　四〇年ぶりに戻ってみると、旭川には昔の面影があまりなかったです。昔は、人がもっと歩いていて活気があったという印象が頭にありましたが、「時代が変わったんだ」という実感と、何とも言えない寂しさを感じました。

恒子　私は旭岳が見たくて帰ってきましたから、夫とは少し違った印象をもっていました。幼いころ、目に焼き付いていたあの美しい旭岳がそのままの姿で迎えてくれました。

正幸　グリーンヴィレッジに家を建てたのは二〇一〇年一一月でしたが、二〇一一年二月二八日に浦和を離れ、東川に移り住んだのは三月一日からです。そして、移住の一〇日後に東日本大震災が発生しましたから、移動が一〇日以上遅れていたら震災の影響ですぐにはこちらに住めなかったかもしれません。娘の所（浦和区）は震度6、これまで経験したことのない揺れに、小さな子ども二人とテーブルの下に入って怯えていたそうです。娘の夫も、勤務先の都心から何時間も歩いて浦和に帰ってきたそうです。

吉里　私も小学校二年生のときに阪神淡路大震災に遭って、まだ眠っていたのですが、ものすごい衝撃で飛び起きました。

正幸　阪神淡路大震災で高速道路が倒壊した映像を見て、それからというもの首都高速を走るのを避けるようになりました。リタイヤを五年後に迎えるころから、リタイヤしたあとどこに住もうかとインターネットなどで調べはじめましたが、そのなかの一つの候補として東川町がありました。各候補地の資料をいろいろと取り寄せ、地域の特性、利便性、医療・福祉機関の状況など、種々検討を重ねました。とくに、災害が少ないかどうかが重要な選択肢の一つとなっていました。そのなかで東川は、比較的私たちのニーズに適っていました。最初は、とりあえず土地だけでも買っておこうかと思っていましたが、その後の成り行きでトントン拍子に話が進み、一気に家も建ててしまいました。

恒子　暖かな所がいいと、沖縄に住めないかと考えたこともありますが、どこよりもここ東川の自然環境に惹かれました。

正幸　東川に決めたのは、とても運がよかったのかもしれません。ネット上では分譲地が完売となっていたのですが、訪ねてみると、たまたま空きがあったのです。運命的なタイミングでした。

恒子　土地を求め、そして家を建てたあとに後悔したくないという思いから、慎重に検討を重ねました。今も「山がいいね」「自然がいいね」「星がきれいだね」と、新たに感動する毎日が続いています。

吉里　私は、写真甲子園で出会った大好きな町の人たちに会えるのが嬉しくて、時々、東川町に来ていたのですが、そのうち三六五日会いたいなぁと思いはじめて、「ここで働きたい」と役場に相談しました。一年間、臨時職員となったんですが、その間に公務員の勉強をして学芸員になりました。東川の方たちは、イベントのときだけ迎える笑顔をしているのかなと思っていたのですが、いつも「おいで、おいで」のウエルカムの顔だと分かり、それがよい発見でもありました。

恒子　浦和にいたころは、地域住民のかかわりがどちらかというと希薄で、ある種の隔たりがあったように思うのですが、東川にはそうした隔たりが最初からあまりなく、すごく自然に仲間入りができました。

吉里　町内会とかも感じがよくて壁を感じません。馴れていたつもりですが、大阪はグイグイ入って来る親切さなんです。東川はそっと入ってくれて、心地よい親切心を感じます。

恒子　子どもたちの教育面においてもよい所だと思います。子育てに対する支援が厚い。娘たちにもすすめているのですが、経験したことのない寒さと夫の仕事の件が気になるようです。

正幸　でも、関東の寒さと東川の寒さでは質が違います。関東の寒さは底冷えのする寒さですから。

吉里　東京に出張すると、ビル風が冷たく刺さる感じがして嫌です。ここは、潔くあきらめがつくキーンと来る寒さです。そう、移住三年目で足のしもやけがようやくできなくなりました。北海道の人は、本当に寒いときはその寒さに耐える強いＤＮＡでもあるのでしょうかね。

正幸　しかし、これからは北海道の時代かもしれませんよ。東京の暑さはひどすぎますから。

吉里　私も東京へ出張して、逃げ場のない猛暑に倒れそうになりました。ところで、東川町に移り住んで、思っていたことと違っていたことがありますか？

正幸　車は走っているんですけど、人があまり歩いていないことが強烈な印象としてあります。会社を退職後、二年間は引き継ぎを含めて月に一度は東京に仕事で行っていましたが、退職直後、旭川空港を出発して羽田に下りると、何か故郷に帰ってきたような変な気分になりました。都会は夜になっても人が歩いているので、何か心がホッとするんです。一方、東川の夜はあまり人が歩いていないうえに「道道」以外は真っ暗、何とも言えない寂しさがありました。

たまにバスから降りると、辺りが真っ暗で、一瞬ドキッとしたことを覚えています。移り住む前には理解していたつもりでも、いざ移住して生活してみると、その変化に即座に対応できない自分がいることに気付かされました。頭で理解していても、四〇年以上続いた生活環境を変えるということがいかに大変なことか教えられたような感じです。

恒子　移住当初、日常生活のなかで「何をしているの？」と尋ねられることが時折ありました。浦和での日常生活では朝夕の挨拶ぐらいで、それ以上踏み込むことはありませんでしたので最初は多少違和感がありましたが、挨拶一つとっても、ここにはほんのちょっと踏み込んだ人と人との触れ合いが日常のなかにあることが分かりました。今では、「何をしているの？」は温かい言葉であると実感しています。

正幸　それに、東川には面白いアイディアをもった方たちがたくさんいますね。面白い方がいることはよいことじゃないですか。「こんな所に?」と思う場所にギャラリーやお店があって、本当に逞しいと思っています。最近は世の中の変化するスピードが早く、都会にいても地方にいてもインターネットなどの通信手段を活用すれば最新情報を入手できるから、どこにいても構わないのでしょうね。私の友人がホームページをつくって、英文も載っけたらカナダから「採用してくれ」と言ってきたそうです。だから、ここ東川で、「ゆったり、ぼちぼち楽しみながら」自分のしたいことを見つけようと思います。

吉里　東川に来て習慣になさっていることはありますか?

恒子　移住前は健康のために一年中走ったり歩いたりしていましたが、ここでは冬場は寒さが厳しいのでなかなか思うようにできません。しかし、無理のない範囲で体力維持を続けたいと思っています。

正幸　私は、雄大な景色を求めてドライブを楽しんでいます。どこへ行っても渋滞が少なくて、快適に走れるのがいいですね。移住前はビルなどを目印にして走っていましたが、ここでは、雄大な景色に見とれていると横から突然車が現れたりしてびっくりすることがあります。時間がかかりそうですが、楽しみながら慣れていこうと思っています。

恒子　夏は、美瑛などによく出掛けます。すぐ近くには十勝岳連峰と大雪山連峰があり、今も飽きることなく、景色にはいつも感動の毎日です。冬は日の暮れるのが早くて、空いた時間に何かしなければと思っていましたが、三年前に偶然北欧風刺繡の展示会を見たのが切っ掛けとなり、習いはじめました。また、以前から自分で打った「そば」を食べたいと思っていましたので、現在は近くにある道場に通って教わっているところです。

吉里　こうするとよいのでは、というような東川町への想いがあれば聞かせてください。

恒子　これからは、町の企画力で人口が減ったり増えたりするのではないでしょうか。町外のどなたに会っても「東川さんは頑張っている」と言われます。東川町は頑張っているという意識を、みなさんがもっているように思います。今では友達に話しをするときには、あえて「東川の三上です」と宣伝を込めて言っている自分がいて、ニヤリとしてしまいます。本当に、東川が好きになりました。東川に住んでいることを大いに自慢したくなりました。これからも、町の活性化のためにいろいろな企画を外部にアピールしていただきたいと思います。

正幸　今後の町づくりのなかに、電柱を地下に埋める計画があってもいいのではないかと思います。景観だけでなく、地震が起きて倒れたら大変な人災となります。分譲地を造成するときに、最初から電柱をなくして地中に埋め、他の町とちょっと違った付加価値の高い町づくりをさらに進めるべきではないかと思います。

これからの日本は「地方の時代」と言われています。埼玉から移住した私たちにとって、こちらの土地の値段は夢のような価格です。地方ならではの特性を組み合わせた新たな価値を生み出し、過疎化に対抗していくために、今こそ住民を巻き込んで、ほかとは一味違う町づくりを創造していただきたいです。

吉里　父も六五歳でリタイヤするので、東川町の土地の価格を教えると、「信じられない」と言って驚いています。

正幸　住んでいる人たちが付加価値を高めるために、門柱に明かりを入れるのもいいでしょう。明るくするためにあるのが電気ですから、共有財産のつもりで通りを明るくしてほしいですね。事故があって、初めて明かりのありがたみが分かるんです。住んでみたいと思うには、みんなの協力が必要ですね。

また、住む者にとっては、東川町の診療所が近くにあり、やはり安心です。車で三〇分も走れば温泉もある。健康的ですね。浦和に住んでいたころは、震度3程度の揺れが度々ありましたが、ここではほとんど地震の揺れを感じません。それに、何と言っても四季折々の自然がいっぱいで、都会なら二時間も三時間もかかる所を、ここではちょっと出れば素晴らしい景観を楽しむことができます。

恒子　空気、水、山、大雪山国立公園、どれも素晴らしいです。空港が近いのですぐに飛行機に乗れますし、東京から遠く離れた所に住んでいるとは思えません。至極便利な所です。新しくはないけど街並みがきれいだし、農村風景も美しくて親しみを感じます。

吉里　さまざまなお話、ありがとうございました。本になって全国に訴えることもさることながら、うかがったご提案など、役場の担当者にも伝えさせていただきます。

どうやら、三上ご夫妻は東川町での生活を楽しんでいらっしゃるようだ。「電柱を地中に埋めて欲しい」という話には、私も驚いた。三上さんは災害時のことを心配されていたが、筆者は景観上のことで反応してしまった。日々、目にする東川町の風景は季節を問わず素晴らしい。間違いなく、それを電線がじゃまをしていると私も思う。

次は、独身の男性デザイナー村田一樹さんである。まさに、東川町に住むには打って付けと言える職業かもしれない。

吉里　私も大阪からの移住者ですが、東川に移住する前のことからお聞かせください。

村田　今年の四月に東川に移住しましたので、半年ちょっと経ったところです。移住する前は札幌に住んでいました。札幌の前は、旭川高専と東海大学芸術工学部の学生として七年間を旭川で過ごしていました。東川との出会いは、大学一年生のオリエンテーションで「北の住まい設計社」に行ったのが最初です。しかし、当時はそこが東川だとは知らず旭川の端っこかと思っていました。

大学三年生のころからレンタカーでドライブをするようになり、とくに美瑛や東川へよく通うようになりました。そして、「いつか東川か美瑛で暮らしたい」と考えるようになりました。大学卒業後は札幌のデザイン事務所で二年間働いたあと、念願だった東川への移住と同時に、目標だったフリーランスのデザイナーとして独立しました。

吉里　旭川周辺でも、東川町を選んだわけを聞かせてください。

村田　まずは、大雪山が日常に見える環境で暮らしたかったというのが一つです。旭川や美瑛からも見えますが、東川はより暮らしとの距離感が近いですよね。次はやっぱり水です。これは、実際に暮らしてからも毎日ありがたみを感じます。全町民が、どこに住んでも平等に与えられる東川の素晴らしい点だと思います。あとは、町の考え方、町の取り組みの一つ一つがおもしろい。

村田一樹さん（26歳）
（2014年12月9日インタビュー）

文化を町の中心に据えた写真の町宣言にはじまり、君の椅子プロジェクトやオリジナルデザインの婚姻届や出生届など、自由で前例に捉われない町の姿勢がとても好きです。

吉里　実際に東川町に住んでみていかがですか？

村田　仕事に関しては、会社員だった身からフリーランスへと環境が大きく変わりました。暮らしに関しては、札幌にいたときは車がなくても生活できましたが、東川ではそうはいきません。しかし、逆に言うと、車さえあれば旭川の中心部まで三〇分もあれば行けるので不便はありません。なのに、反対側に三〇分車を走らせれば大雪山にも行ける。さらに、一〇分もあれば旭川空港にも行けてしまう。そこから飛行機に乗れば、東京もすぐです。こんなに立地環境に恵まれた町も珍しいのではないでしょうか。

吉里　東川町はイベントの多い町ですが、参加されていますか？

村田　フォトフェスタには札幌からも知り合いのフォトグラファーが遊びに来たりもしていて、イベントを通じて再会できたりもしました。また、「東川アウトドアフェスティバル」では、ロゴとフライヤーをつくらせていただいたりもしました。

吉里　住む前と住んでからの印象は違いますか？

村田　変わらないですね。イメージしていたとおりの町です。一つだけあるとすれば、思っていたより大雪山が見えない日が多い（笑）。雲に隠れていることが多いですよね。でも、逆に言うと、こんなに近くに住んでいても見えないほど高い山、雲に隠れる高い山と言えます。友達が来たときに隠れていたりすると悔しいので、「ほんとはあっちに大雪山が見えるんだ」と一〇回くらいは言いますね（笑）。

　でも、くっきりと見える日はいつも気持ちが高ぶり、大雪山が見える暮らしの素晴らしさを実感しています。また、東川は移住しやすい町だと改めて思っています。ここなら、田舎暮らしにビクビクすることはありません。役場の方々も、町の方々も、移住してきた人に寛容な町だと思います。

吉里　東川町に移住して、たとえば散歩など、日課にされていることはありますか？

村田　とくにこれといって日課にしていることはありません。あまり気負わず暮らしています。アパート暮らしなので都会での暮らし方から激変したわけでもありません。でも、いつかはもう少し自然に近い所、たとえば森のそばで暮らしたいと思っています。せっかく東川に暮らしているのだから、野菜やハーブぐらいは育てたいですよね。

吉里　東川町の町づくりについてどう思いますか？

村田　東川は文化を中心に考えていますよね。あくまで、もともともっている大自然があっての東川が大前提になっています。単に人口を増やそうとか、産業を増やそうとか、税収を増やそうとするならば、大きな商業施設や大きな工場、大きな住宅街などを誘致したり造成したりすることもできるけれど、東川は絶対にやらない。東川がもっている自然や文化を崩さず、それを最大限生かすことによる町づくりが大好きで、それがこの町で暮らす大きな理由です。

吉里　確かに、東川ブランドを大事にしています。

村田　町民一人ひとりが、まるで役場の人のように東川のことを誇らしげに話しますよね。自分の住んでいる町を誇りに思い、自分の言葉でよさを語れることは本当に幸せなことだと思います。

吉里　私も出身地大阪のことは好きですが、いざ紹介するとなると大阪のことはどんなよさがあるのか話せません。

村田　役場の方にお話をうかがう機会がありまして、その方は交流人口を増やすのが主眼であるとおっしゃっていました。なるほどなーと感心しました。また、東川の「道の駅」（道草館）は町のど真ん中にあるじゃないですか。狭いけれど、無料の公共駐車場もあります。外からやって来る人のための発信基地がど真ん中にあって、町の人のものがギュッと凝縮されています。

　ほかの町にある「道の駅」は、中心部から離れた郊外にあることが多いですよね。この場合、町の人は行かないし、観光客は町の人が暮らしているエリアには行かない。でも、東川の「道の駅」は、町民と観光客が交流する場としてちゃんと機能している。さらに、そこを拠点に徒歩圏内の商店にも足を運ぶことができます。この、「道の駅」を核とした人の流れは素晴らしいと思います。

吉里　そのとおりです。ほかに、東川にあったらいいなと思うアイデアはございませんか？
村田　町が主導することかどうかは別にして、若い人が暮らせる賃貸物件があるといいですね。田舎のアパートも都会のアパートも変わり映えがしません。水がうまいだけでは物足りない。東川の自然環境を生かした、東川らしい暮らしができる賃貸物件があればいいですね。
吉里　夜遅くまでやっている店も欲しいと思っていました。お客様が来たときなど、いつも同じ店ではどうかと思って結局、旭川へ出掛けてしまいます。
村田　飲食店の数に対して、夜営業している店は確かに少ないですよね。それと、町の中に宿がありません。旭岳温泉や天人峡温泉までは遠い。泊まるところが「町なか」に欲しいけれど、でも規模の大きなホテルはできてほしくはない。東川らしさを生かした、ただの宿泊施設ではない、暮らすように泊まれる「短期的に東川で暮らす拠点」になるような環境があればいいですね。
　でも、基本的には、東川の環境のよさに惹かれて人が集まり、自然発生的に意識をもった人がいいお店をつくり、また交流人口が増え、結果東川で暮らしたい人が増えて……というサイクルが東川の素晴らしさだと思います。短期的な視点でお店を誘致するのではなく、長期的な視点で、あくまで町民が暮らしやすい町づくりを行うことでこのサイクルが生まれると思います。ゆるキャラをつくっても、ゆるキャラを見て住みたくなるわけではありません。それが分かる町だから、ゆるキャラやB級グルメの波には絶対に乗らない。そんなところも、この町の好きな理由です。

吉里　デザイナーのお仕事をお聞かせください。

村田　東川や旭川の仕事を中心に、道内外の仕事をしています。旭川では、日本茶ブランドや美容室のブランディング（ブランドづくり）をしています。とくに日本茶ブランドは、デザインパートナーとして経営にかかわる根本的な部分から、一緒にブランドを構築しています。また、東川ではソックスブランドの世界展開向けのカタログやウェブサイトの仕事をしたり、ショップや飲食店のグラフィックツールを制作したりしています。移住前に想像していた以上に、東川町内でのお仕事の多さに驚いています。デザインの価値を理解し、認めていただける方が多いことも、ある意味この町らしいなとも思っています。

あとは、仕事柄パソコンとインターネットがあれば基本的に仕事ができますので、時間と場所に縛られないスタイルで仕事をしています。将来的には、先ほども言いましたが、やっぱり自然の中で自然のサイクルで暮らし、仕事もしていけたらなぁと思っています。

冒頭に述べたように、デザイナーというお仕事の方には最高の町かもしれないと筆者も感じはじめた。村田さんのように若い人たちが東川町にやって来て、それぞれの仕事を生かすことで町全体をブランディングしていく。そんな可能性を、移住者である筆者も今後は追求していきたい。

最後のインタビューは、二人のお子さんがいらっしゃる小林さんご夫妻である。子育て、教育といった面も含めてお話を聞いた。

小林啓介さん（四〇歳）・恵子さん（三七歳）ご夫婦のお宅には、一家がそろう夕方に訪ねた。元気な男の子二人、長男の泰晴君（東川小学校二年生）と次男の幹侍君（三歳、幼児センター）がニッコニコ顔でドアを開けてくれた。幹侍君が「君の椅子」を抱えてキッチンに向かい、椅子に乗って洗いものの真似事をしたかと思うと、今度は冷蔵庫の前に椅子を移動させ、踏み台代わりにして冷蔵庫を開けた。幼児の知恵はあなどれない。そして、「君の椅子」の活用方法を見せつけられて驚いてしまった。

恵子　「君の椅子」を、いつでもどこでも持ち歩いています。踏み台にしたり、お絵描きの椅子にしたりするほか、歯磨きや洗面のときとか、何にでも使っています。

吉里　元気ですね。子育てしやすい町かどうかを中心に今日はお聞きしたいのですが、まず、移住する前のことからお聞かせください。

小林さんご一家
（2015年11月17日インタビュー）

啓介　二人とも大阪生まれの大阪育ちです。私はリハビリの理学療法士、恵子は看護師で、同じ病院に勤めていました。二〇〇六年に職場結婚したのですが、深夜までの業務や長時間労働にほとほと疲れて間もなく一緒に辞めました。自然環境に恵まれた所への移住を考え、滋賀県や長野県、住むためにあこがれていた北海道を候補に挙げていました。

恵子　私は北海道での滞在経験はまったくなく、大阪からは遠過ぎてあまりイメージはわいていませんでした。

啓介　僕は、学生時代に北海道を自転車で三度周っています。富良野で出会った知り合いが「こっちにはアルバイトがいくらでもある」と言うので、富良野のニンジン出荷工場で働いたこともあります。それゆえ、富良野や旭山動物園は知っていましたが、東川町はノーマークでした。層雲峡から黒岳を登って旭岳まで縦走し、旭岳温泉からバスで旭川駅に戻りましたが東川町のことは名前も知らずに通り過ぎました。

恵子　移住がダメだったら大阪に戻ればよいと、軽い気持ちもありましたね。

啓介　滋賀や長野はよい所とは思いますが、ピンと来るものがなかったです。何度か来ていた北海道、そのなかでも美瑛や富良野の景色が好きだったので、それにほど近い旭川近辺で仕事を探しました。インターネットで旭川市内の病院の募集を知って、二〇〇七年一月に面接に行きました。私が面接を受けている間、住む所がどんな町なのかを調べようと、恵子がバスに乗って東川町に行ったわけです。

恵子　勤めるのは旭川でも、暮らすのは田舎がいいと考えていたので、ネットで旭川周辺を調べ、地下水で暮らしている東川町が気になっていました。バスを降りると人が誰もおらんし、ガラーンとして寂しい感じでした。ホクレンショップの看板があったので「人はいる」と安心して、役場に行って、いろいろな資料をもらいました。旭川への通勤にも近いので、住むなら東川町がいいかなと思ったのです。

啓介　面接をパスして病院勤務が決まったので、四月に東川町のアパートを借りました。ここでの暮らしは、四季が感じられるし、イベントも多く、週末にはあちこちの山にも登り、子どもが生まれるまでの一年半は北海道を満喫して毎日が楽しかったです。マイナス二〇度にシバレたときも、霧氷を見て美しいなあと思いながら通勤していました。

アパートも東川町らしくオシャレ

恵子　でも私は、泰晴を産んだころはアパートから出ない引きこもり状態となり、大阪の親に電話をするという毎日でした。生後三か月検診のときに子育て支援センターの先生から「お母さん、遊びに出ていらっしゃい」と誘われたので参加してみると、いっぺんに人の輪が広がっていきました。

啓介　そうだったね、地域とのつながりがはじまったのはそれからだった。東川町には、「あの人も大阪から」「この人は東京から」と移住者が大勢いて、みんなで盛り上げていきましょうという雰囲気もありました。それなのに、実は五年目に私たちは東川町を離れました。大阪にいる私たちの両親は、私たちが帰って来るもんやと思い続けていて、「三年経っても、四年経っても帰らへんし、寂しいなぁ……」と言っていました。そんな思いの両親に、孫を少しでも近づけてあげたいという思いもあって、二人目を出産するのを機に関西へ戻ろうと決め、滋賀県へ移りました。大阪の実家まで電車で一時間ちょっとですから、両親は「飛行機に乗って会いに行くより全然ええわぁー」と喜びましたね。

恵子　苫小牧から名古屋へ向かうフェリーに乗った途端にもう切なくて……私も泰晴も東川になじんでいたので後ろ向きの移住でしたね。

吉里　移り住んだ町は、「ほどよい田舎」「JR湖西線で京阪神が通勤圏」という触れ込みで移住者の多い所と紹介されていますが、よい所だったのではないでしょうか？

啓介　住まいのすぐ裏が琵琶湖だったので、仕事が終わってから子どもと泳いだり、ゴリという魚を捕まえててんぷらに揚げて食べたりと、いつでも親子そろって琵琶湖で遊ぶことができました。近くにはスキー場もあって、自然環境は恵まれていました。でも、東川での生活、自然環境が忘れられませんでした。

恵子　移住者を受け入れていると聞いていたのですが、町の規模が大きいせいか、それらしい人に会うことがありませんでした。鯖《さば》街道沿いの、歴史は古い町のようですが、どこか閉鎖的な雰囲気も感じて東川に帰りたいなといつも思っていました。生まれた子どもの首がすわったころの九月に二泊で東川に遊びに来たのですが、ママ友やお世話になった方々が大勢集まってくださって、東川はやっぱり「あったかいなぁ」と嬉しかったです。

啓介　僕も滋賀に着いたその日から、東川に帰ることしか考えていなかったかもしれません。旭川の病院の上司が送別会のときに、「なんで大阪へ帰るのか、理解ができない。いつでも帰ってこい」と言ってくれた言葉が忘れられず、上司に「本当に帰っていいのですか？」と相談したところ、「すぐに帰ってこい」と言ってもらえました。恥ずかしながら、滋賀の暮らしは八か月でしたが、そのおかげで東川で生きる覚悟ができました。

恵子　私も東川町で子育てがしたかったです。九月に来たときに、グリーンヴィレッジの第三期分譲を知って、骨を埋める地に決めました。

啓介　祖父母は大阪ですから孫の面倒を見てもらうわけにいきませんが、お向かいに住む中村さんが私たちが困ったときに子どもたちを預かってくれたり、家の前で会ったときにはいつも声をかけてくれて、とても可愛がってもらっています。

恵子　子どもが入院かもしれないというとき、近所の方や子育て支援センターの人たちが「任せてください」と、手を差し伸べてくれるところが東川町の素晴らしさです。

吉里　二人のお子さんのどちらかが入院となると、もう一人のお子さんの面倒を誰が見るのかが共働きの親には深刻な悩みとなりますが、東川町では問題がないわけですね。

恵子　子育て支援センターでは柔軟に対応してくれ、ママ友や子どもの同級生の家族に助けてもらっています。町の手厚い子ども医療費助成にもすごく助けられています。

啓介　大阪の実家に帰省すると、僕や子どもたちの肌がガサガサになったり、季節の変わり目の春には熱を出したりと大変でした。馴染みの耳鼻咽喉科の先生に診てもらうと、「東川に帰れば治るわ」と言われました。帰って来ると、本当に症状が治まってしまいました。

吉里　空気と水がきれい、食べ物も東川町は新鮮ですから、それがいいのかもしれません。

恵子　すぐ近くで新鮮な野菜が手に入ります。ママ友に農家の方がいて、そこから野菜をどれだけいただいたことか、中村さんにもよくいただいています。地域の方々に助けられているからこそ、両親が離れていても生きていけているなと二人でよく話しています。

吉里　ご自分でも野菜はつくっていますか？

恵子　東川で最初にアパート暮らしをしたときは、貸し農園でキュウリ、トマト、トウキビ、枝豆、いろんな野菜を土まみれになって楽しんでつくっていました。ここに移ってからは、庭の一部を畑にして野菜をたくさんつくっています。子どもたちがトマトは畑に出て勝手に食べ、収穫を進んでしてくれています。今年、ニンジンがまだ小さいうちに抜かれてしまって、また野ウサギにやられたのかなと思っていたら、幹侍が引っこ抜いてしまったということでした。

吹き抜けの居間にはペレットストーブが置かれ、赤々と炎を上げていた。二階に三室、一階がダイニングキッチンと和室、このストーブ一台で家全体を暖めている。大都会に住む人には、この事実がなかなか理解できない。

吹き抜けの二階からロープを垂らし、子どもを登らせて鍛えようとしたこともあったという。一方、外では、雪が積もると庭にカマクラをつくって遊ぶという日々を過ごしているという小林家、二〇一五年一二月四日、長女・鈴《すず》ちゃんが誕生した。子どもたちの歓声が絶えない賑やかな小林家では、「こら！　アカン！」という大阪弁で叱る声が時たま聞かれる。

恵子さんが「ゆとりがあって、向こう（大阪）ではあり得ない暮らしです。向こうでは、窓を開けたらお隣さんの壁ですものね」と言う言葉が、妙に心に残った。

エピローグ——東川町って、こんな町

◇合宿の里づくり（杉山昌次）

東川町の旭岳温泉には、標高一一〇〇メートルのクロスカントリーコースが二つある。一つは全長約八キロメートル、もう一つは約四キロメートルのコースである。九月下旬から降雪があり、一一月初旬には天然雪での滑走が可能となることから、シーズンに入って日本で最初に滑れるコースである。毎年、全日本ナショナルチームをはじめとして実業団、大学、高校、各県連チームに加え、韓国など

クロスカントリースキーコース

からもトップアスリートが合宿に訪れている。

過去には、オリンピックメダリストの荻原健司（現国会議員）さんが毎年訪れていたし、ソチ五輪に出場した石田正子選手、加藤大平選手、吉田圭伸選手なども毎年必ず合宿に訪れていた。かつて、一九九〇年代にはシーズン中にのべ一万二〇〇〇泊以上を記録したが、その後、日本経済の低迷や少子高齢化の影響で減少傾向となり、二〇一三年の実績では約七〇〇〇名、のべ宿泊数は約六五〇〇泊程度となっている。

このような状況を打開するために、二〇一一年に「東川町合宿の里推進協議会」を組織し、スポーツ合宿や大学ゼミの合宿、インターンシップの受け入れなどを積極的に進めることにした。もちろん、地域活性化が目的である。町の人口を急に増加させることはできないが、交流人口を増やすことで東川町のファンが増え、リピーターの育成にもつながっている。言うまでもなく、町を訪れて宿泊する人が増えることでの経済効果も大きい。

湧駒荘の露天風呂の先にはクロスカントリーコース

ところで、旭岳温泉にある湧駒荘は、スノーボードアルペンの銀メダリスト竹内智香さんのご両親が経営をされている旅館である。ここの露天風呂からはクロスカントリーのコースが見られ、お風呂に入りながら練習風景を垣間見ることができ、ちょっとした穴場となっている。

二〇一五年三月、竹内智香さんの協力により、町内のスキー場「キャンモアスキービレッジ」においてスノーボードアルペンの国際大会も開催した。「私が初めてスノーボードをした故郷のスキー場で大会を開催できてうれしい」と言っている竹内さんとともに、今後ますます大きな大会にできるよう、町ではさまざまなアイデアを模索している[1]。

また、二〇一四年にノルウェーからJETプログラムのSEA[2]（クロスカントリースキー）として東川町に赴任したトリグヴァ・マルクセットさん（Trygve Markset）に旭岳のコースの感想を聞くと、「Wonderfull」を連発していた。その翌年、二〇一五年八月には、フィンランドからヘンリク・エンケさん（Henrik Enke）が来町し、地元少年団や学生らを指導している。地球温暖化の影響かヨーロッパでも天然雪のクロカンコースがかなり減っているだけに、旭岳のコースには二人とも感動していた。本場の人から褒められるコースが東川町にはある。

冬のスキーに対して、夏八月にはトライアスロンの大会を二〇〇六年から開催している。東川町と東神楽町、美瑛町にまたがる忠別湖と、その周りを囲む道路を利用してコースがつくられている。全国から強豪チームが参加しており、地元東川町からも毎年エントリーをしている。

東川町と東神楽町の間を流れる忠別川は、ダムの建設により水量が安定したため、カヤックやラフティングなどが楽しめるようになり、修学旅行で訪れる小中高生も増えている。また、二〇一五年四月には、新しくなった東川小学校のそばに人工芝のサッカー場がオープンしている。町内には、サッカー少年団、中学校のサッカー部、コンサドーレ旭川ユースなどが活動しており、放課後やナイターなどでほぼ毎日のように利用されているほか、土日には道内チームなどによる大

(1)（The Japan Exchange and Teaching Programme）語学指導、国際交流活動などを行う外国青年を招致する事業。総務省、外務省、文部科学省などの協力を得て、地方自治体が実施している。

(2)（Sports Exchange Advisor）スポーツ国際交流員のこと。

トリュグヴァ・マルクセットさん（ノルウェーからの SEA）

ヘンリク・エンケさん（フィンランドからの SEA）

Column 大雪山忠別湖トライアスロン in ひがしかわ（8月上旬）

日本では数少ない、湖と湖畔を会場とするトライアスロン大会。大雪山連峰の美しい風景と安全面に対する十分な配慮、そして競技終了後に行われるジンギスカンパーティーでのもてなしが口コミで広がり、全国から多くの選手がやって来る大会となった。

スイム1.5㎞、バイク（自転車）40㎞、ラン10㎞という３種類の競技を一度に行う本大会は、オリンピック種目と同じ内容で行われていることも特色となっている。2015年で９回目を迎えたが、現在、「国体北海道予選会」「日本トライアスロン選手権北海道予選会」「北海道トライアスロン学生選手権大会」を兼ねた大会に成長している。

短い夏の北海道で、美味しい空気を吸いながら、感動のゴールを目指す全国のトライアスリートに、ますます東川町の魅力を伝えていければと思っている。

2014年大会で２位となり、その年の長崎がんばらんば国体北海道代表になった保健師である山口史帆さん（磯谷郡蘭越町）は、「東川は自然やダムの景色を満喫でき、応援の方々との距離がとても近い周回コース。地元の米や水やお菓子のお土産も楽しみ」と言う。五島列島での国体では、台風の影響を受けたが17位と健闘、翌日が誕生日で「31歳最後の日をぜいたくに過ごせた」と振り返っている。

トライアスロンのスイム（忠別湖）

会や練習試合なども行われており、交流人口増に貢献している。

これらのスポーツ大会が理由で、これまでに東京ベルディなどトライアスロンチーム（のべ一〇〇泊）やジュニアレスリング（のべ四〇〇泊）、ジュニアバレーボール（のべ一二〇〇泊）、ジュニアアルペンスキー（のべ六〇泊）の合宿を受け入れるようになった。まだまだ満足のできる数字ではないが、これらを足がかりとしてさらなる受け入れ数の増大を模索している。

そのための予算についても述べておこう。「合宿の里推進協議会」の年間予算は約二〇〇万円となっているが、クロスカントリーコースの整備やコースづくりにはかなりの経費を別途当てている。二〇一三年、二〇一四年に旭岳地区のクロスカントリーコースを整備した費用は約一億二二〇〇万円となっており、シーズン中のコースメンテナンスには四二〇万円の経費を計上している。これらの予算からも、いかに東川町がスポーツ面において力を注いでいるかが分かると思う。

また、キトウシ地区にも二〇一五年一二月から一・五キロメートルのスプリントのクロスカントリーコースが整備され、アスリートをはじめとして、健康増進のために町民が利用している。

町内には、天人峡温泉と旭岳温泉という二つの温泉があるということは先に述べた。天人峡温泉の近くには名瀑「羽衣の滝」（口絵も参照）があって、観光客の目を楽しませている。今、紹介したスキー客などは、ロケーションの関係で後者のホテルやロッジに泊まられる方が多い。

その一つである「大雪山白樺荘」で、人生観が変わるほどの出会いをした町職員がいる。プロのカメラマンとしても活躍している大塚友記憲である。その出会いの様子や大雪山の森について、大塚に語ってもらうことにする。三一八ページに掲載させていただいた写真、みなさんはどのように感じられるであろうか。

羽衣の滝

◇大雪の森の中で（大塚友記憲）

森の中で過ごす時間は、五感を解放し、感じることの喜びをもてる瞬間である。それを教えてくれたのが松野智久さんであった。大阪生まれの彼は、幼いころから体を動かすことが大好きだったようで、海や川、そして山と、休みには毎日のように自然のなかで過ごしてきたという。そんな彼が最初の就職地として選んだのが、旭岳温泉にある「大雪山白樺荘」であった。北海道最

高峰である旭岳の麓にある温泉宿で働きながら、周辺の森や山を歩いてフィルムに収め続けていた。

　大雪山白樺荘の後ろには、赤えぞ松とダケカンバの森林が広がっている。そして、宿の前には勇駒別川が流れるといったロケーションである。デッキや外壁などに木材を多用した洋風ロッジとログハウスが周辺の環境によく馴染んでいるし、長いらせん階段を上って展望塔まで行けば、旭岳の雄大な風景を眺めることもできる素晴らしい宿である。そのせいか、国内外の学生やスポーツ選手たちの合宿場所としても人気となっている。

　こんな宿で働く松野さんと出会ったのは、宿がリニューアルとなって私が新たに雇われたときである。それまで、山登りをとくに習慣にしていなかった私は、彼が撮った大雪山のスライド写真を見せてもらった際に一気に引き込まれていった。とくに、彼が撮影したエゾモモンガを自分でも撮影してみたいと思い、出掛けていった先が、天人峡温泉へ向かう途中にある「くるみの沢」と言われている森である。

　マイナス二〇度になる厳冬期の一月、夜行性のエゾモモンガを見るために朝の六時すぎに歩いていると、突然、後頭部付近をかするほどの至近距離で滑空していった。エゾモモンガだった。近くの木に留まって、時間を惜しむように必死に木の実を食べている姿が目に入った。拳大くらいの大きさしかない小さな動物が必死に生命をつないでいる姿に、私はすっかり虜となってしまった。

彼の写真を見なければ、大雪山の中に入って撮影しに行くことがなかったかもしれない。一枚の写真が人生を変えた、と言っても過言ではない。その後も、彼とはよく一緒に大雪山に行き、大きな山並みやスキー滑降の様子などを撮影し続けている。これまでの日のことを、まるで昨日のことのように覚えている。

そんな彼から「結婚する」という連絡が入った。挙式はやらずにフォトウェディングとするので、その撮影をしてほしいという依頼をいただいた。

撮影場所、「ここしかない！」と私は思った。エゾモモンガとの出会いを与えてもらった場所である。その森には、通称「森の神様」と呼ばれている推定樹齢九〇〇年と言われるカツラの巨木が鎮座している。複数の幹が世代をつないでいるこの巨樹のように、末永く結婚生活を楽しんでもらいたいという願いを込めながらシャッターを切った。

森の中で結婚式

あとがき——町を想う

浜辺　啓（ひがしかわ町商工会会長・ひがしかわ観光協会会長）

町を挙げてつくった『東川町ものがたり』、楽しんでいただけたであろうか。日常の仕事をこなしながら、役場のスタッフが本書のために励む姿を見て、私自身、ふと昔のことがよみがえってきた。高校を卒業し、進学をやめ、さまざまな体験をふまえて故郷《ふるさと》に戻ってきて以来、「東川はどうあるべきか」を考えていたような気がする。

誰しも、自分の生まれ育った町には愛着があるものである。サラリーマン以外の多くの人が家業を継ぐといった選択肢しかなかった時代、学生はより高学歴、高収入を求めて都会に出ていった。残った人間は田舎の因習にとらわれ、他の文化や情報も希薄なまま、もがきうごめいていた。

しかし、日本中を旅してさまざまな町を見てきた私には、「東川」にはチャンスがあると昔から思っていた。ほんの少しだけ視点を変えれば、さまざまな分野で打って出られ

浜辺啓さん

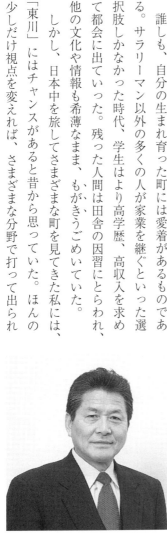

ると感じていた。それだけに、客観的な分析を常に心掛けてきた。

最初の活動となった商工会の青年部では、ほとんどがどこでもやっているような物真似でしかなく、自分の町らしさというものを感じることができなかった。その「らしさ」とはいったい何だろう。そこで、「らしさ」の定義を考えてみた。

私なりの定義では、不変の地形のなかに固有の「山川草木」があり、人々の営みを指すものではないかと思っている。しからば、「東川らしさ」は！　大雪山連峰を背景に森林地帯があり、その裾野に広がる田園風景のなかに人々の生活があり、産物がある。そんな環境のもとで培われた文化や習慣には、その地域にしか出せない「色」がある。

地元の人には見慣れた風景であり、生活ではあるが、ほかに二つとない景色である。そこに一番似合う建物、一番ぴったりな行事、それは何だろう……。そんなことばかりを考える日々であった。

人は、自分にないものに魅力を感じ、引かれてしまうものである。よって、私たちには見飽きた光景であっても、ほかの人には新鮮に映るものである。それらを継続させていくことが、やがて自慢になり、誇りになり、その地の文化になっていくのだろう。

これまで、商工会青年部を皮切りに観光協会にかかわり、議会にも名を連ねて議長としての役目を果たし、現在、観光協会と商工会の会長を務めている。その時々を振り返ってみると、ずいぶん強引な手法をとってきた事業もある。それが「くらし楽しくフェスティバル」であり、「写真の町」事業である。

最初に手掛けたのが、「東川」らしい商店街づくりであった。この町の風景に一番似合う建物、田園風景に似合う建物、決してコンクリートではなく、近代的建築様式でもない、昔ながらの三角屋根の木造りの家、それも風雪に耐え、歳月を重ねていく様《さま》が絵になるような建物ではないだろうか！　しかし、いきなりそれを提唱しても受け入れてはもらえないだろうと思った。

そこで、「木彫り看板」ならばどうだろうかと考えた。スーツを新調するにはお金がかかりすぎるが、ネクタイならいいだろう。そして、そのネクタイに合うスーツをのちにつくらせよう、と考えたわけである。しかし、それもまだ道半ばである。でも、いつかはと思い、「森の町」構想を提案している。

本書の第3章で紹介された「写真の町」事業にもかかわっている。すでに三〇年ほどの時間が経過しているが、一年生議員のとき、中川音治町長が旭岳温泉（当時は勇駒別温

木彫り看板の街並み

泉）にお客を呼ぶために「写真の町」宣言をする、と議会に提案した。歴代町長は、基幹産業が農業なのだから、農業がよくなればすべてがよくなるの一点張りであった。私はその主張に反発して議員になったわけであるから、「写真の町」宣言という提案を否定しなかった。

とはいえ、これには面白いくだりがある。議員になって最初の一般質問で、私は「我が町の産業構造を見直すべきではないか」と切り出した。農業だけでなく一次、二次、三次産業のバランスの取れた産業構造にするべきである、と力説したわけである。幸い、本町には日本で最初に指定された「大雪山国立公園」があり、その主峰「旭岳」がある。その麓には、「勇駒別温泉」（現・旭岳温泉）と「天人峡温泉」という二大温泉郷もある。観光資源のインフラ整備をしていくべきではないかと訴えた。

「観光産業などという産業はない。観光とは『光を観る』と書く。価値のあるものはすべて観光になる」

このような答弁が返ってきた。けだし名言ではあるが、あなたはその価値を分かっていらっしゃるのか、と言いたかった。本町には風光明媚な被写体がたくさんあるので、それを撮りに来てもらえればいいということである。とはいえ、それだけでは「写真の町」と言うにはあまりにもおこがましい。「写真」とどんな因縁があり、どのような必然性があるのかと問われると、説明に窮することになってしまう。

のちのことだが、「写真写りのいい町をつくろう」「写真写りのいい人をつくろう」「写真写りのいい風景をつくろう」という町民向けのキャッチコピーを考え、これを町づくりの一環として唱えて理解を求めた。ところが、「写真の町」宣言は、なかなか町民には受け入れてもらうことができなかった。必然性もさることながら、観ても分かりづらい抽象的な写真、あるいはアート的な写真が多すぎたからである。

しかし、必然性に関しては必ずしも必要とは考えなかった。長く続ければ住民にも理解してもらえるだろうし、それがこの町の文化になると考えていたからである。それに、プロが撮った写真を審査員が評価し、賞を与えるだけでなく、直接地元を被写体として写真を撮りに来るわけだから、町に元気が出るという仕掛けである。

「写真の町」宣言から一〇年目、町民に親近感をもってもらえる高校生を対象とした「写真甲子園」をはじめることにした。全国から選抜された高校生が被写体を求めて町中を走り回り、町民と触れ合うようになってから理解度が増したと言える。事実、大会期間中の町民と言えば、参加している高校生と同じくらい活発である。その様子については第3章で記されたとおりである。

さて、町外からたくさんの人を呼ぶもう一つのイベント、「くらし楽しくフェスティバル」のことについて話そう。自然豊かで美味しい農産物がたくさん採れるこの町をどのようにアピールするか、田舎は多少不便でも、こんな生活スタイルがあるということを知って欲しいと思って企画したわけだが、要は一過性のイベントではなく、暮らし方の提案でもあった。

年に二回開催されており、二〇一六年で六〇回目を迎える。春は花や野菜の苗などをメインに、フリーマーケットや飲食店が並ぶ。そして秋は、農産物の収穫物を中心として、キトウシ森林公園家族旅行村の広い敷地を会場にして実施されている。また、ひがしかわ観光協会が姉妹提携を結んでいる浜頓別町観光協会も参加するようになり、山の幸、海の幸を目当てに、人口約八〇〇〇人の町に二万人ほどが訪れている。

手づくりのベーコンや、売り物にならない野菜を加工して販売していた当初は、交通渋滞が起きるほどの盛況ぶりだったが、やはりマンネリ化を脱することができない。今後の展開については、本書を製作した現在のスタッフや次世代を担う若い人たちの知恵に期待したいところである。

にぎわう「くらし楽しくフェスティバル」

資本主義社会を選択した日本、多様化した国民ニーズ、モノ最優先の生き方は、終焉を迎えつつあるのではないだろうか。政治家が言ったのか、学者が言ったのかは知らないが、「地方創生」

という小手先だけの政策はやめて、根本的に考え直す時期に来ているような気がする。今回の『東川町ものがたり』という本の出版は、日本全国にそのことを訴えることになるのではないかと思っている。

都会には都会の役割があり、田舎には田舎の役割があることを認め合い、より便利に行き交うことのできるインフラ整備をすることが、今一番必要なことではないだろうか。地方が「地方らしさ」を失ったとき、日本は魅力のない国になってしまうだろう。

最後になりますが、本書の製作にご協力いただいたみなさまに感謝を申し上げます。お一人ずつお名前を記さしていただくのは控えさしていただきますが、町を挙げての出版事業にご賛同いただき、寄稿していただきましたこと、町を代表して御礼申し上げます。そして、本書製作のために町内を走り回った役場スタッフの吉里演子さん、本当にお疲れさまでした。あなたの努力のおかげで、本書において東川町を全国にアピールすることができたと思っております。

また、本書を読まれた読者のみなさん、東川町に来られて、素晴らしい旅の一ページを刻んでください。町民一同、心よりお待ち申し上げております。

二〇一六年　春

編者紹介

写真文化首都「写真の町」東川町

東川町は、北海道のほぼ中央に位置し、東部は山岳地帯で大規模な森林地域を形成しています。日本最大の自然公園「大雪山国立公園」の区域に入り、北海道の屋根と称される大雪山連峰の最高峰旭岳（2291m）は東川町域に所在します。大雪山の雪解け水が悠久の時を経て流れ来る地下水を生活水とする、人口約8,000人の町。1985年に世界に類のない「写真の町」を宣言、その30年後の2014年、新たに「写真文化首都」を宣言し、文化の発信に努めています。

住所：〒071-1492　北海道上川郡東川町東町１-16-１
電話：0166-82-2111（代表）
FAX：0166-82-3644（代表）
http://town.higashikawa.hokkaido.jp

東川町ものがたり
―町の「人」があなたを魅了する―　（検印廃止）

2016年７月25日　初版第１刷発行
2022年３月31日　初版第２刷発行

編　者　写真文化首都「写真の町」東川町
発行者　武　市　一　幸

発行所　株式会社　新　評　論

〒169-0051
東京都新宿区西早稲田３-16-28
http://www.shinhyoron.co.jp
電話　03(3202)７３９１
FAX　03(3202)５８３２
振替・00160-1-113487

落丁・乱丁はお取り替えします。
定価はカバーに表示してあります。

印刷　フォレスト
製本　中永製本所
装幀　山 田 英 春
写真　写真文化首都「写真の町」東川町

Printed in Japan
ISBN978-4-7948-1045-8

新評論　好評既刊

中村稔彦

攻める自治体「東川町」

地域活性化の実践モデル

人口減に見舞われ、過疎地指定を受けながらもユニークな施策で発展を続ける唯一無二の北の町。地域活性化策の宝庫に学ぼう!

四六並製　256 頁+カラー口絵 8 頁　1980 円　ISBN978-4-7948-1206-3

写真文化首都「写真の町」東川町編／清水敏一・西原義弘（執筆）

大雪山　神々の遊ぶ庭《カムイミンタラ》を読む

「ふるさとの山」として誇りをもって眺めるとき、様々な人とのかかわりを通して見えてくる忘れられた逸話、知られざる面を拾い上げながら、東川町の歴史と今を紹介。

四六上製　376 頁+カラー口絵 8 頁　2970 円　ISBN978-4-7948-0996-4

撮影・文：大塚友記憲／写真文化首都「写真の町」東川町 編

ブラボー！大雪山

カムイミンタラを撮る

四季折々の美しく雄大な自然を堪能できるだけでなく、大雪山と「写真の町」への旅のガイドとしても役立つオールカラー写文集。

B5 並製　268 頁　2640 円　ISBN978-4-7948-1189-9

樫辺　勒：著／菅原浩志：案

小説　写真甲子園　0.5 秒の夏

全国高校写真部日本一を決める大会「写真甲子園」が遂に映画化！

写真にかけた全国の高校生たちの青春記録。映画『写真甲子園　0.5 秒の夏』(2017 年 11 月、全国劇場公開)をノベライズ!

四六並製　224 頁　1760 円　ISBN978-4-7948-1078-6

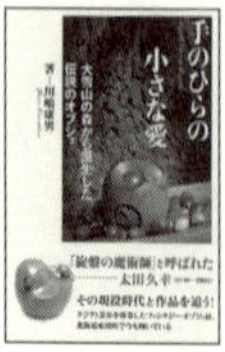

川嶋康男

手のひらの小さな愛

大雪山の森から誕生した伝説のオブジェ

「旋盤の魔術師」と呼ばれた天才クラフトマンの生涯と仕事。現役作家達の証言を通じてその驚異と感動の世界が花開く!

四六並製　208 頁+カラー口絵 8 頁　1980 円　ISBN978-4-7948-1121-9

＊表示価格はすべて税込み価格です